How to Make One Hell of a Profit and Still Get to Heaven

お金に愛される人のルール

{マネーセンスを鍛える10のステップ}

ドクター・ジョン・F・ディマティーニ 著
ユール洋子 訳

フォレスト出版

将来のお金の不安が消える誠実で実践的な本——訳者より

「お金の不安やストレスと、生涯無縁な人生を送りたい」

「やりたいことをやり、欲しいものを買う、経済的自由を手に入れたい」

もしもあなたが、そんな思いを込めてこのページをお読みになっているとしたら……。

まさにこの本はあなたのための本です。その理由を少しだけ、お伝えさせていただきたいと思います。


あなたは「お金に愛される素質」があり、いつだって自由にお金を引き寄せることができる！


これが本書を通じて、あなたに受け取っていただきたいメッセージです。

今の時点では、もしかしたら曖昧な精神論のように感じられるかもしれませんね。しかし、一章読み進めるごとに少しずつ印象が変わっていき、最後の一行を読むころには、きっとこのメッセージが意味するところ、「お金に愛される」という言葉の本質を感じ取っていただけることでしょう。

本書では、「お金とどうやって付き合っていけばいいのか？」という精神的な側面と、「具体的にどうやってお金を貯めて、さらにどう殖《ふ》やしていけばいいのか？」という物質的な側面の両方をお伝えしていきます。啓発的な部分と、実用的な部分がバランス良く紹介されているので、読み進めるうちに自然と行動を起こしたくなってくるはずです。

私が「この本を絶対に日本で広めたい」と心から思った理由がここにあります。

本書の原著に出会う前の年、私は「お金」をテーマにしたセミナーを開催していたある人物からこう言われました。

「君はお金持ちみたいな考え方ができているのに、お金儲けすることができていないよね」

彼にとっては何気ない一言だったのかもしれません。ですが、その一言は、当時の私の胸に深く突き刺さったのです。

当時、お金に関する知識や考え方について書籍を通して学んでいましたし、貯蓄や資産運用に関するスキルも、人並み程度には持ち合わせていたつもりです。にもかかわらず、私は十分な経済的自由を得てはいませんでした。

なぜ、仕事も順調で、お金の知識もあるはずなのに、経済的自由を手に入れられないのか？

その「なぜ」に答えを与えてくれたのが、世界的な人間行動学の権威、ドクター・ディマティーニの著作である本書だったのです。

縁あって原書を訳しはじめてみて気づきました。お金持ちの考え方自体は持っていると評されたにもかかわらず、なぜかお金を稼ぐことができなかった私に欠如していた部分です。それまでの私がどうしてもできなかった、精神的側面と物質的側面のかけ算を、とてもわかりやすく、実践的に教えてくれたのです。

本書を通じて、私は次の三つの「お金の本質的な学び」を体感しました。

① お金に愛される人は、ある共通の目的を持って行動している

その目的の有無が、ずっと豊かな状態を継続できるのか、それとも状況の変化や時代の流れによって左右されてしまうのかを決めてしまうのです。

これまで点と点のまま繋がらなかった「お金持ちたちの言葉」が、これを知ることにより一本の線で結ばれました。古今東西、あらゆる資産家は、ほとんどの場合、この目的のもとに行動しているのです。

② お金を貯め、殖やすための根本原理

多くの人が「お金を貯めたい」「お金を殖やしたい」と思いながら、理想通りに貯蓄や資産運用をできない、という悩みを抱えています（当時の私もその一人でした）。

「どうして貯蓄すら、思い通りにできないのだろう……」

預金通帳を眺めながら、そんなため息を何度繰り返したかわかりません。

本書では、ドクター・ディマティーニが、人間行動学という学問的観点から「なぜ、貯蓄や投資を思い通りにできないのか？」という根本的な理由と、対処法を教えてくれます。実は、貯蓄や資産運用が思い通りにいかないのは、決して私たちの心が弱いからではありません。未来の自分の成長とお金の状況を見通す想像力を無意識に排除し、目先の利益を追求して行動していることが原因なのです。

③ 感情に左右されず、貯蓄や資産運用をする方法

目次をご覧いただければわかると思いますが、内容は非常に具体的かつ実践的です。不滅口座や、クッション預金、ピラミッド式資産運用など、さまざまな方法論やツールを学んでいただけます。

紹介する方法は、誰でもできる極めてシンプルなものばかり。「やりたい！」と思った瞬間からすぐにはじめられるものになっています。


原書を翻訳してから8年、本書の各章末に用意された「エクササイズ」を実践することで、私のお金との関係性は大幅に改善されました。だからこそ、本書をこのような形で、自信を

持ってお勧めすることができるのです。

そもそも、ビジネスマンとして成功を収め、教育に関わり、社会貢献に尽くしているドクター・ディマティーニ自身、はじめから順風満帆の人生を送っていたわけではありません。小学生のころに識字障害を宣告され、まったく勉強についていけず、高校中退後はサーファーをしていましたが、その生活はホームレス同然のものだったそうです。

そんな経験を持ちながら、ドクター・ディマティーニは、カイロプラクティックの分野で大成功をおさめ、今ではプロの講演家として世界中を旅する資産数千億円のビリオネアとなっています。

だからこそ、ドクター・ディマティーニの一つひとつの言葉には、多くの読者や聴講者を幸せに導く説得力と不変の価値があるのです。

ことに日本では長引くデフレと低金利、4人に1人が75歳以上になる2025年問題などもあり、まさに〝預金〟から〝運用〟へとシフトするべき時代が到来しています。より一層、本書が主張する先の三つの「お金の本質的な学び」が輝きを増してあなたの心に届くでしょう。

ドクター・ディマティーニは、ファイナンス先進国のアメリカの例を紹介しながら、お金に愛され、引き寄せるための国や時代を超越する運用の大原則を教えてくれます。市場の浮き沈みに一喜一憂することなく、長期的な視野で人生をとらえ、世界に貢献し、着実にゆるぎない富を構築していく具体的な方法を学び、実践していただければ幸いです。

＊

ドクター・ディマティーニの「お金に愛される人のルール」をより実践しやすくするために、日本のファイナンス事情に詳しいファイナンシャル・プランナーの山口京子氏（『お金持ち名古屋人八つの習慣』著者、http://kyoko-yamaguchi.com/）にご助言いただき、〔訳者注〕を追記したところもあります。この場を借りてお力添えに心より感謝の意を表したいと思います。

またリニューアルによって多くの読者にドクター・ディマティーニのナレッジをお届けすることを薦めてくださり、自らも「お金に愛される人のルール」実践者として成功を収め、本書の内容に太鼓判を押す染川順平氏（『成功のタイムリミット』訳者）と、その実現のためにご協力くださいましたフォレスト出版にもこの場を借りまして謹んでお礼申し上げます。

本書を読み、読むだけでなく実践することで、あなたは「お金」と相思相愛の関係になれるはずです。

２０１５年４月

ユール 洋子

推薦のことば

私の友人ドクター・ジョン・F・ディマティーニは、お金の達人、お金のマスターです。幅広い経験と深遠な知識を併せ持ち、お金の法則についてとても賢く教えてくれます。ジョンは、お金に関する専門的知識を理解しやすく、習得して使えるようにやさしく教えることのできる天才なのです。もしも、あなたがお金に関する法則や哲学を自己実現に活かす心構えができているなら、本書に出てくる知恵を存分に味わってください。

ベストセラーになった『ワン・ミニッツ・ミリオネア――お金持ちになれる1分間の魔法』の共著者として、私がジョンのテクニック、考え方、洞察力に太鼓判を押しましょう。そして本書が、あなたの財力をアップさせ、豊かさへと導いてくれることも。あなたの未来はちょっとした努力により、喜びと充実感に満ちたものになることでしょう。

ドクター・ディマティーニは、長年多くの人から支持されている素晴らしい講師であり、ひらめきを与えるスピーカー、作家です。私自身もこの宇宙的な意識を有する賢人から学ぶことが楽しくて仕方がありません。私のセミナーの仲間たちをジョンに紹介すると、誰もがまるでプラトンやソクラテスを囲むかのように彼のもとに集うのです。

ジョンの心のあり方やひらめきに満ちた思考は、常に時代のさきがけになります。彼が抱いているゴールは、世界に影響を及ぼす10億人の生徒を持つことです。私は、彼がそれを実践すると信じています。

今、手にしているこの本は、あなたをはじめ多くの人の人生に利益をもたらし、世界を建設的に変化させることでしょう。ジョンの説く原理や哲学を自分のものとし、金銭的にも精神的にも自由になり、他の人たちともそれを分かち合ってください。

本書は、あなたの心の領域を豊かにしてくれるでしょう。豊かさとは、内側からつくられていくものです。内に豊かさを見つけると、それが外の体験すべてに顕現《けんげん》されます。ジョンと私の場合も同じでした。きっと目がきらきらし、表情が輝いてくるでしょう。あなたは情熱的に人生の目的に向かいます。そして、変化を引き起こし、大切なことを次世代に遺していくことでしょう。

偉大な真理を吸収することで、さらに素晴らしい未来を創造するあなたに、今、おめでとうのことばを贈りたいと思います。

『こころのチキンスープ』シリーズ、『ワン・ミニッツ・ミリオネア』共著者
マーク・ヴィクター・ハンセン

はじめに

この本に『鬼のように儲けても天国に行ける方法（HOW TO MAKE ONE HELL OF A PROFIT AND STILL GET TO HEAVEN）』（原題）というタイトルをつけたのですが、みなさんはいったいどういうことなのかと思うかもしれません。

答えは簡単です。世界中の何百万という人たちが、セレブのように優雅に暮らしたい、財を成したい、お金に制限されず自由な人生を送りたいと夢見ていますが、心を鬼にし、天にそむく覚悟がなければ大金を稼ぐことなどあり得ないだろうと、心のどこかで信じてしまっているのです。

なかには大儲けしたいという願望を公言しながら、そう願っていることに内心では罪悪感を抱いている人もいます。

このように、多くの人たちが大金を儲けるためには魂を売らなければならないと思い込んでいるのです。美徳は清貧の中にあり、金銭の欲に駆られると悪徳に走り、心がすさみ、地獄に落ちるだろう……と。実は、このような内面の葛藤こそ、未来のチャンスや幸運を妨げる〝清貧コンプレックス〟なのです。

また、大した幸運に恵まれなくても平凡な暮らしができればそれでいい、という人たちもいます。このような考え方は、現状を改善し、金銭的な自由を手に入れる新たなレベルへと成長することを妨げるだけでなく、心の奥で求めている夢の実現を断念させてしまっています。

それだけではありません。精神性と物欲の間にある葛藤に加え、与えたいという願望と受け取りたいという願望の間でも内面的葛藤を感じる人たちがいます。利他的で、与えることにより他の人たちを大切にしたいと願いながらも、物質的には利己的で、受け取ることにより自分を大切にしたいと、反対側にも等価の願望を持っているのです。

この人たちは、心の中で自分に与えることよりも人に与えることのほうが、より素晴らしいと信じています。この人たちは、この心の二面性を統合し、ゆるぎない財力の基盤を築くためのバランスのとれた完全性を保つ方法を学ぶ必要があります。

需要と供給という二元性がなければ国家財政が機能しないのと同じように、個人もまた、与えることと受け取ることを学ばなければなりません。この二つのバランスが意識的に保たれると、ひときわ優れたパワーを発揮できるのです。

本書は、あなたの金銭的な夢の実現を助けるために新しい見方に光を当て、この世の「得」とあの世の「徳」についての真実を正しく示します。

本当の富と達成感にあなたが目覚められるように、この本は構成されています。お金について考え、大切に思い、尊重し、理解し、あなたがお金持ちになる権利や運命を邪魔しているかもしれない信念に向き合えるように導いていきます。

さまざまな角度やレベルから豊かさに気づかせ、実感させることにより、あなたの意識全体に浸透させますから、あなたという存在が豊かさと共鳴しはじめるでしょう。そうしてあなたは、お金を引き寄せる磁力を持つようになるのです。

あなたが本書を読んでいるということは、あなたには願望があるということです。私が提供するのは、さらなる経済的自由を達成するための知識と実践的スキルです。ぜひ一緒にやってみましょう。

あなたがこの本を読み、書かれている原理や方法論を適用すれば、必ず発見できるはずです。お金を儲けるということは、経済的均衡の一側面である受け取る側を意味すると同時に、お金を殖やすには、愛と感謝の気持ちに満ちた付加価値のあるサービスを与えるというもう一方の側面が必要なのです。

この本を通して、精神と物質と金融の全法則を超越する、フェアな交換の原理を習得する方法を学ぶことでしょう。それは、満足のいくサービスに対して正しいタイミングでフェアな料金を支払うことを意味します。与えることと受け取ることは、人生で最も重要な二つの行為でフェアな交換とは、あなたの最も大きな夢さえ超越する真の成功を得るための鍵の一つです。

そうして、あなたの人生の精神面と金銭面に計り知れない影響を与える、単純でありながら深遠な原理も学ぶことでしょう。

報酬があるのは、サービスが施されるとき。

利益とは、愛のあるサービスを尽くしたときの副産物なのです。

愛や天恵に対する感謝の気持ちを、この世の中で実感させてくれる豊かさやサービスの本質について、私と一緒に探ってみましょう。これは、バランスのとれた美しさや輝きに満ちた世界への旅です。少しの意欲と勇気があれば、裕福な生活がもたらしてくれる恩恵を受け取ることもできますし、それと交換にあなたの持っているものをもっと与えることも可能となります。裕福になるチャンスは、今ここにあります。

私と一緒にこの旅に出かければ、愛と喜びと感謝に満ちた天国の境地に達するための人生の変化を経験するでしょう。それが私の意図していることです。

この本を手に取ってくれたあなたに、ありがとう。そして、お金持ちになって天国へ行く道へようこそ。

ジョン・F・ディマティーニ

もくじ――――お金に愛される人のルール

第1章

お金と心の切っても切れない関係

What the Hell Is Heaven ?

第2章

フェアで等しい交換の原理

The Principle of Fair Exchange

第3章

感謝のパワーが富を引き寄せる

The Power of Appreciation

第4章

自己価値こそが資産のすべて

From Self-Worth to Net Worth

第5章

確実に貯蓄を殖やす魔法のステップ

The Spiritual Laws of Saving

第6章

お金と感情のコントロール

Manage Your Emotions…or They'll Manage You

第7章

確実に殖えつづけるピラミッド式資産運用

Evolutionary Investing

第8章 ビジネスと収入を加速させる

The Business of Business

第9章 リタイアする人、一生現役でいる人

The Myth of Retirement

第10章

「人生の目的」があなたに与えるパワーとお金

The Power of Purpose

装　幀……西垂水 敦（tobufune）
DTP・図版作成……白石知美（株式会社システムタンク）
写　真……© OJO Images／amanaimages
本文フォーマットデザイン……フォレスト出版編集部

第1章

お金と心の切っても切れない関係

What the Hell Is Heaven ?

知恵とパワーの金言①

＊物質を伴わない精神は表現されず、精神を伴わない物質は動かない。
＊感謝の気持ちと正しい知識を持った途端、豊かさは自分のものになる。
＊物質的な富は、精神的な富の別の表現方法である。
＊私は心の主人《マスター》であり、私が考えることは何でも実現する。
＊私はお金を引き寄せることができ、非常に幸運だ。
＊私はお金の運用をマスターし、経済的な運命も意のままにできる。
＊私は同等に精神と物質を心から受け入れる。

豊かさを手に入れるために

精神の進化を求める心の旅も、一攫千金《いっかくせんきん》をもくろむビジネス・ベンチャーも、あらゆる探求は質問からはじまります。

そこで、この質問をしてみましょう。

「天国に行けることとお金持ちになる法則は、どのように関係するのか」

この本では、天国が象徴するのは、今ここですべてが満たされていることを実感し、自我を超えた充足感を持って存在していることです。

このような状態は、秩序とバランスが感じられると生み出されます。あなたの周りや内側に存在するあらゆるものに秩序があることに気づくと、あなたは満ち足りて感謝の気持ちになります。

すると、優雅になり、穏やかに考え、行動し、愛と感謝の気持ちを抱きながら生活するようになります。あなたの豊かな想像力が発揮される魅力的な状態です。

この状態にいるとき、あなたは心の奥深くで以前との違いを実感し、他の人たちもまたそれを感じ取るでしょう。そして、それが金銭的な豊かさも含む、これまでとまったく違う状況を引き寄せ、新しいチャンスを人生にもたらします。

人生がもたらしてくれる恵みに対する感謝が、価値観、帰属意識、そして自分には特別な使命があるという気づきを目覚めさせてくれます。感謝の気持ちと愛の中で成長すると、あなたは自分自身と自然の秩序を信頼しますから、潜在的な能力を自ずと開花させていくことでしょう。実際、自分に対する愛が足りないと潜在能力は鳴りをひそめたままで、まさに水の足りない庭の花のようになってしまうのです。

向上心と迷いのない精神を持ち、生きていることの素晴らしさや、いつでも、どこでも、どんな状況でも秩序があることに気づけば、そこに天国が存在します。

あなたも、他の人も、あるいは企業でも、このことを理解していれば必然的に繁栄するでしょう。

しかし、反対に人生が無秩序で混乱しているという認識を抱いていると、満ち足りた達成感は体験できず、自分は無力だと感じてしまいます。

そういうときのあなたは、人もチャンスも追い払ってしまいますから「自分一人が苦しんでいる」という状態に陥ります。現実をゆがめて見つめ、誤った解釈をするために、感謝の気持ちも品もない行いに走り、自ら生き地獄をつくり出してしまいます。

このように、**天国も地獄も心の状態次第なのです**。そして、二つの違いは、秩序があるか秩序がないかということになります。ありがたいことに、どちらの状態にいたいのか、あなたは選ぶことができるのです。

万事はすでに完璧な秩序の中にある――これは偉大なる宇宙のシークレットの一つです。この世に生命を授かりながら、地獄のような苦しい状態にいるとしたら、それは宇宙の秩序に気づかず、感謝の気持ちを抱いていないからです。

授かった生命をありがたいと思うとき、人生の価値は高まり、真価を認識し、自己価値や自分への愛が大きくなるのです。ありがたさを感じることにより、あなたの人生のステージは自ずと高まります。

精神と物質は引かれ合う関係

精神と物質を勝手気ままに識別している人たちがいますが、「神や精神はどこにもないのでしょうか」と私は聞いてみたいと思います。

瞑想したり祈っている人を見ると、それは精神的な活動だと考えます。あるいは何かを購入するために代価を支払う人を見ると、明らかに物質的な活動だと考えます。

しかし、瞑想している人は自分のご利益のために祈っているのかもしれないし、買い物をしている人は愛する人のためのプレゼントを買っているのかもしれません。もし真実を知っていたら、あなたは最初の意見を逆転させることでしょう。

物質的だと考える行動について注意深く調べてみると、本質は精神的であるということがわかるかもしれません。そして、あなたが精神的だと考えることを探ってみると、物質が絡んでいることを発見するかもしれません。

精神は、それ自体を表現するために物質を必要とし、物質は動きや意味を与えるために精神を必要とするのです。

本質への理解が深まるにつれ、あなたはありとあらゆるものに精神と物質を見はじめます。なぜなら、精神と物質は、私たちが光、愛、精神、あるいはエネルギーと呼ぶこともある、神が創造した本質の分離できない二元性だからです。

実際に、宇宙は多種多様な周波数の光にほかならないのかもしれません。エネルギーは波動や分子という形で現れますが、その本質もまた光にほかなりません。物質は単純に高密度か低周波数の光に過ぎないと語る物理学者さえいます。

私たちの肉体的感覚にとって、高周波の光は純粋な精神のように見え、低周波の光は単に物質にしか見えていないようです。ところが、精神も物質も周波数のレベルが異なるだけで、現実には愛すべき宇宙の営みの中のつらなりなのです。

あなたが精神や物質を調べてみるとき、二つのうちどちらが見えるかは、あなたが投げかける質問によって決まります。賢い質問とは両面を示してくれるものです。

その二つを秩序だった一つのものとして見るとき、あなたの愛と自己価値は大きくなるでしょう。

富と成功を手にする究極のシークレット

人生におけるあなたの富と成功とは、あなたの心と魂の現れなのです。後者が目覚めていればいるほど、前者は高められるかもしれません。実体のない精神と実体だけしかない物質は違う、あるいは相反するものだという精神論やビジネス概論が広まっていますが、このような認識は幻想に過ぎません。精神と物質の完全な組み合わせがなければ何も存在しません。それどころか、実際には、二つは一つなのです。ということは、あなたの精神性を仕事にし、仕事を精神的な経験にすることが大切なのです。言い方をかえると、心と魂をビジネスに組み込みましょうということです。

精神性を仕事に持ち込んでください。そして、インスピレーション（やる気、ひらめき、ときめき）を注ぎましょう。

私が出会ったことのある偉大な成功者たちは、ひらめきに長《た》けた人たちです。まるで伝道師のように仕事をします。関わり合う人たちに対して精神を尽くし、インスピレーションを伝え、その見返りに大いに報酬を得るのです。

あなたも、お金を含むすべての物質も究極的に光である――ということを頭に入れておきましょう。実際、金、すなわち「gold」ということばはヘブライ語で光を意味する「aour」に由来します。あなたをお金から遠ざけているのは、あなた自身の狭い信念に過ぎません。

愛と感謝の気持ちは、パワフルな引き寄せの力です。富を愛し、ありがたいと思えないようなら、また本質を誤解して無意識にお金を拒み、信頼しないでいたら、どうやってそれを引き寄せることができるでしょうか。

あなたの富を制限している幻想から目覚め、富は精神と物質の現れだとして喜んで受け入れると、自然にあなたのもとにやってくるようになるでしょう。

人生を裕福にするのも、富とは縁のない生活を送るのも、あなたがどのように考え、どのように感じるかによるのです。あなたが精神（理由）と物質（結果）を完全に同等に意識すると、あなたの中に天国の状態が生まれます。

富は偉大な精神パワーの一つ

この世の中を突き動かす二つの偉大な力とは、精神的な富と物質的な富です。この二つが人間の心理において最もモチベーションを高める力になっています。この二つの力が一緒に現れると、とてつもなくパワフルになります。

私が創立した哲学とヒーリングのスクールでは多種多様なコースを開いていますが、この精神と物質の相互関連性はすべての科目に共通している考え方です。

何年か前ですが、コースを受講した女性が私のところにやってきました。彼女はある教会の運営に携わっているとのことでした。彼女はスクールの請求書にあった〝インスピレーション・サービス料〟を支払うことが腑に落ちない様子でした。

話を聞いていると、お金がないという認識が彼女の人生を支配していることが見てとれたので、次のように質問してみました。

「サービスは無償で与えられるほうがいい、お金が絡まないほうが清らかで精神性が高いという考えは、どこからきているのですか。この地球上で最大の資産を有している組織のいくつかは宗教団体だということはご存じですか。ところが、そのご当人たちは、与えるほうが受けることよりも恵み多きことという考えを持っているのです。これは、存在を維持するためのマーケティングと金庫を豊かにするための方法だとは思いませんか」

「なるほど、確かに……」

「世界の偉大な宗教の中には、以前、軍事力や膨大な富を有したものもあります。あなたが教会に変わってもらいたいと思うなら、兵士と財産の両方が必要になるでしょう。あなたの教会にどちらもないとしたら、栄えるとは思わないでください」

「それこそ私たちが心配していることです。教会員はたったの275人で増える兆しはありません」

「それは、偉大な精神的パワーの一つである富を最小限に抑えているからかもしれません。あなた方が富のありがたみを学ばない限り、そこに参加して精神を豊かにしようと思う人は少ないでしょう。それは、あなた個人にも言えることです。あなたが自分自身に投資するまで、誰もあなたに加わり、あなたに金銭的な投資をしようとは思わないでしょう」

コース終了までに、その女性はお金の重要性と、賢い金銭管理がどのように教会を支えるかということについて理解しはじめました。そして、彼女が教会を再建するために物質的豊かさを重視してから教会に人が増えはじめました。

あなたが信じていること、そしてあなたが自分自身に言っていることは、人生に現れます。お金は精神的なものではないという不完全な教えを信じているなら、大した財産が築けなくても不思議ではありません。なぜなら、人は信じよう、価値を置こうと心に決めたことをその通りに創造し、実現するからなのです。

そうした不完全な教えを示す宗教機関が、一方で世界屈指の財産を蓄えています。この矛盾の中に、精神性の本質に関する深遠なメッセージが込められています。**仏陀やキリスト、モハメッドやダライ・ラマのように、強力な精神的メッセージを地上に広めてきた偉大な精神的指導者たちは、メッセージを広めるために富と関わってきたのです。**

世界の宗教というものは、精神性についてのさまざまなメッセージを伝えるという偉大な〝サービス（奉仕）〟を行っているのですが、物質的な富がなければ発展することはできませんでした。それなくして、どうやって寺院や教会、大聖堂を建立し、人間のクリエイティブな精神を表現する作品を飾り立てることができたでしょうか。人々を引き寄せ、インスピレーションを与えるために、一流の絵画や彫像、音楽や建築を獲得したのです。

そのパワーや美がなければ、メッセージは見過ごされたかもしれません。

物質が私たちを動かすことができるのならば、それには精神があるに違いありません。精神は、表現するために物質を必要とします。物質は結果のようなものであり、精神は理由のようなものなのです。

心の豊かさは所有物や成功がもたらす

もしあなたが世界に精神的な変化を起こし、大きな物質的サービスを提供したいならば、その方程式の反対側、つまり富を受け入れ所有するという問題にも直面します。

奇妙に思えるかもしれませんが、より高い精神あるいは品格があればあるほど富を実現するためのパワーを手にするでしょう。

実体のない精神と実体のある物質は、コインの両面のようなもので、その一面を拒むということは、コインという豊かさを保持できないということです。

もうすでに学習したかもしれませんが、繁栄を実現するシークレットの一つは、人生を愛しありがたいと思うことです。

自分にはない美しさや財産や経験、欲しいのに買えないと思っているものを欲しがっている間は、人生に感謝することは難しいかもしれません。すると、感謝の気持ちのない状態が、精神を暗くしてしまうみじめな感覚を生みます。

精神と物質は分けることができないということに目覚め、その両方を同等に受け入れ、ありがたいと思わない限り、富を追い払う力になってしまいます。

あなた自身が愛せる存在になり、愛することを行動にし、愛するものを所有することは、あなたの生きる力であり知恵です。

「私は表面的な願望や細かな欲求を超越し、スピリチュアルにしか物事は考えません。所有物や成功などで人を判断したりしません。その人の本質を見るのです」

こう言う人がいます。けれども、そういう人たちに世の中で成功している人が近づくと、彼らと比較して自己価値が矮小化《わいしょうか》されているせいで、文字通り縮こまって見えることがあります。そういう人たちは、自分たちが小さいと感じるのです。

もし、あなたに多くの顧客や事業、膨大な人材・資材があり、世の中にたくさんのサービスを与えているなら、あなたは重要な人と見なされます。けれども、何もしない、何も持っていないならば、世間はあなたに大したことない人というレッテルを貼るでしょう。

お金に関する偏った思い込みの多くは、そのような人間の縮こまった気持ちの源になっていることがよくあります。それが賢いか愚かか、率直に言って、あなたは自分がどちらだと感じるでしょうか。

あなたの人となりや、存在だけが最も大切であり、それはあなたがすること、あるいは持っているものとは何も関係ない――という心理学モデルがあります。これは、心得違いの理想論に過ぎません。やっていることも持っていることもすべて取り除いて、ただ〝いる〟だけの状態に誰かを置いた場合、その人は社会から落ちこぼれていくとともに、自分に対して抱くセルフイメージや自己価値観も落ちていくでしょう。

あなたが肉体を持って生きている限り、存在すること、行うこと、所有することという三つの側面を切り離すことはできません。もしあなたが何も所有せず何の行動も起こさないならば、無価値感を覚えざるを得ないでしょう。

なぜなら、あなたの世界に対するサービスや生み出すものと、その報酬としてあなたが受け取る意思のあるものが、あなたという人物をつくり上げるのです。人生とは、あなたならではの才能を表現し、達成感を得て満たされるようにデザインされています。

あなたに成功や失敗をもたらすことばのパワー

あなたがすることはあなたの所有するものに影響し、あなたが言うことはあなたの行動に大きな影響を与えます。では、自分自身への話しかけ方を変えたら、何が起こるでしょうか。

あるとき、クラッシック・ギタリストが私のところにやってきました。日々生活できるぐらいの収入はあるのですが、ハングリーなアーティストというスタイルを格好良く思っているようでもありました。目標設定（ゴール・セッティング）のコースが終わると、彼は私に言いました。

「僕のメンターになってくれませんか」

「いいですが、その代わりに私のために何かしてもらいたいと思います。無償で何かするのは賢いことではありませんから」

私がそう言うと、彼は私の事務所に来てとても素晴らしい音楽を演奏してくれました。

「君が音楽を愛しているのはわかるけれど、自分に報酬を与えないまま演奏を続けたら、君の音楽に対する愛は弱まってしまうかもしれない。これからは、〝ハングリーなアーティスト〟という自分の口ぐせに、君の人生を支配させてはいけない」

そう彼に告げ、〝僕は高いギャラを稼ぐプロのミュージシャンだ〟と自分に言うように指導しました。

単純なことですから、あなたは笑うかもしれません。しかし〝僕は高いギャラを稼ぐプロのミュージシャンだ。演奏するたびに、どうしたらもっと高額なギャラがもらえるか素晴らしいアイデアが湧いてくる〟と、彼は自分に言いはじめました。

そして、3週間が過ぎたころ、彼は私に言いました。

「昨晩演奏しているとき、あるアイデアが浮かんだのです。今度のシンフォニー・オーケストラとの演奏を録音し、僕のショーの最後に販売しようと思います。誰もやっていないみたいだけれど、とにかくやってみます」

すると、最初の晩、75人の人たちが1本10ドルのテープを買ったのです。

「びっくりだったよ。誰も試してみようという勇気がなかっただけですね。僕は自分の音楽的才能に対して報酬を得ると心に決めたことで、心理的なバリアを打ち破れました」

彼はこう言いました。

ほとんどの人は「どうやったらこれを行うための費用をまかなえるだろうか」と自問します。ところが、「どうしたら大好きなことをやり、素晴らしい収入を得られるようになるだろうか」と聞くほうが、ずっと賢いのです。**あなたも質問を変えてみてください。すると、明らかに同じ状況でもまったく異なる答えを受け取ることでしょう。**

この若者は、今やヨーロッパとアメリカ全土で演奏しています。カーネギーホールをはじめ有名なホールで著名なフィルハーモニー・オーケストラとも共演しています。ソロ・ギタリストとしてCDやテープ、本もリリースしました。以前よりはるかにお金持ちになり、有名にもなりました。

彼の演奏はさらにパワーを増し、いっそう音楽を愛しています。そして、音楽を通してインスピレーションを表現し、人々を感動させているのです。〝ハングリーなアーティスト〟という信念と口癖を手放しただけで、このすべてが実現したのです。

あなたがこの世に生きているのは、日々を無為にやり過ごしたり、生き延びるためではありません。壮大な夢を実現するために、今ここにいるのです。

あなたの中にはまだ達成していない素敵な野心がたくさんあり、なかにはすぐにでも実現したい熱い思いのこもったものもあります。それを実行することを心から望めば望むほど、あなたは自分に対しても他の人に対してもサービスをすることになり、あなたの自己価値は高まり、あなたは愛するものをもっと自発的に受け入れようとするでしょう。

自分の能力やインスピレーションをこの世の中と分かち合いたいと心から望むなら、その見返りにあなたが受け取るものはいっそう豊かになるでしょう。同様に、自分の努力に対して支払われる報酬を心から望んで受け取るなら、あなたが愛することややりたいことをしたいという思いやモチベーションを失うことはないでしょう。受けとめることを心から望めば望むほど、あなたは与えることも心から望むでしょう。

あなたが存在するためには、行動することと所有すること、与えることと受けとめることという二元性から逃れられないのです。

「お金儲け＝悪」という信念からの脱出

誰にでも使命があり、達成したい夢があります。そしてその夢が大きければ大きいほど、達成のためにより多くのリソース（資源）が引き寄せられるでしょう。夢や富に通じる扉を開ける鍵の一つは、あなた自身が心をマスターすることです。天国の境地も地獄を味わうことも、すべての内面的体験の根源にあるのは、心なのです。

多くの人の心の奥深くに、お金儲けは精神性を高める行いではないという信念がひそんでいます。それは、多くの人たちを貧しいままにしておく迷信です。大半の人間が貧しいか、金銭的に力の弱い状態にいれば、少数の富裕層が支配しやすくなります。

また、自分には力がないと感じていると、自分や人生を愛おしいとは思えませんし、そのことが精神にも影響を及ぼすのではないでしょうか。より多く与え、より多く受け取るのは幸せなことです。この両方を喜んで受け入れることが、物理や心理、豊かさや人生そのものの法則に従うことであり、自己価値を高めることになるのです。そしてそこから本当の富を築くことがはじまります。

富を築くことは、個人や会社、国全体や文化の成長にとって重要なことです。歴史のどこをひもといてみても、富と無縁の偉大な文化や芸術、音楽や農業、ひらめきや知性はありません。貧困は、崇高な人間の精神性の表現や人間の中に秘められた壮大な可能性の達成につながらないでしょう。

富がなければ文明は停滞してしまいます。生命とは成長と変化を求めるものであり、常に殖えつづけるお金の力がなければ、成長は停滞し妨げられるでしょう。これと同じ原理が、個人にも当てはまります。

「お金のためにやっているわけではない」「私にとってお金は重要ではない」「お金のことを言うのは浅ましい」というような信念を心に抱いている人が、まだいるかもしれません。このようなことばを自分や他の人に対して使うたびに、あなたは懐からお金を落としているようなものです。

金銭的な富を築く能力と人生の可能性を実現する能力は、直接結びついています。人生には七つの主要な領域があり、それは精神性、知的活動、職業、お金、人間関係、家族、身体です。価値が置かれず、尊重されない領域は、どれも人生における弱点か欠落部分になります。お金の運用をマスターすることは、最高のあなたになるための決定的な要因です。

＊

本書の各章の最後に、エクササイズが一つか二つ出てきます。それを終わらせてから次の章に進むことをお勧めします。各章のエクササイズは、やればやるだけあなたに力を与えてくれることでしょう。

各エクササイズは、その章で学んだ原理原則をより具体的に体験できるようにつくられています。

エクササイズをこなすことで得られる洞察は、本書の目的である意識の転換の重大な部分です。できれば、気分がよくなるようなエクササイズ専用のノートを1冊用意してください。

また各章の章扉の次のページには、〝知恵とパワーの金言〟というアファメーションのリストがあります。アファメーションとは自分に対する肯定的な宣言です。これを1日3回読み、その深い意味についてじっくり考え、瞑想し、実社会に当てはめてみて、日々の生活を送りながら自分の中で感じてみてください。

シンプルなことばの数々には、とても深遠な原理が隠されています。きっとあなたの経済的な人生を変えることでしょう。新しい洞察が得られたときはノートに記し、あなた自身の金銭的成長と変化の記録にしてください。

エクササイズ❶

ノートのはじめに、あなたが精神性の特性だと思うことをすべてリストアップしてください。たとえば、愛、知恵、自由、寛大さ、癒し、バランス、美、勇気、光、存在感などです。他にもたくさんあります。

あなたにはあなたなりの精神性の解釈があり、意味があるでしょう。これですべてだと思えるまで、とにかく書きつづけてください。

次に書き出したことばを一つずつ取り上げ、その特性をもっと手に入れるために、豊かな金銭力がどのように助けになるか、考えつくだけ書き出してください。たとえば、こうです。

「自由＝私はもう自分以外の誰のためにも働く必要がなく、自分の愛する人たちと一緒にいられる。世界中を旅して、偉大なインスピレーションを与えてくれる自然や人間の創造したものを目にすることができるのだろう。いつかやりたいと自分に言い聞かせていたことをやる自由がある。

自分の住みたい場所も、国も、気候も選べる。好きなだけ引越しもできるし、地球全部が住む場所になる。好きなだけ本を買い、セミナーに参加し、コンサートやショーを観に行く自由もある。そういったことが私の心を広げ、インスピレーションを与えるだろう。何でも学び、マスターする自由もある」

書きながら、実際にそのように生きるとどんな気持ちになるのかを想像してみてください。

旅をする、自分のビジネスを興す。美を愛でるとは、どんな感じなのか、見て、そのフィーリングを味わってください。そして、人生の七つの領域――精神性、知的活動、職業、お金、人間関係、家族、身体――すべてについて考えてみてください。

人生をもっと楽しめたら、生きていることをどれだけ感謝できるかを想像してみましょう。そのとき、意識的に変化を感じるまで、富を築きたいという強い思いが湧き上がり、それが精神性と結びつくまで続けてください。

そのことを書きとめ、見て、感じられるとき、あなたはそれを創造する旅の半ばまで達したことになります。

エクササイズ❷

エクササイズ❶でリストアップした精神性の特性と同じものを使って、同じように一つずつ取り上げ、財力や富の欠如がどのようにその特性を表現する能力を制限しているかを書き出してください。

もう一方の面から考えるように心に促すのです。こちらのほうが、好きなように生きるよりも経験があるかもしれません。たとえば、次のようにです。

「自由＝お金がないと自分の好きなものを買えません。さまざまな支払いが心配だし、自分の経済力や財テクにも自信が持てない。ときどきストレスを感じ、それが健康にも影響する。金銭的な不安や罪悪感も経験するだろう。必要な財力がないために自信がなく、今現在に集中できない。富の不足している心の状態では、身の周りにひそんでいる美や財テクのチャンスを見つけることも難しい。創造することよりも生き延びることを考えてしまい、そのことで落ち込み、インスピレーションも得られない」

これは貧困という精神性について、あなたが知らず知らずに信じていることをくつがえすパワフルなツールです。与えること、受け取ること、そして存在することの新しい可能性に心の扉を開いてください。

第2章

フェアで等しい交換の原理

The Principle of Fair Exchange

知恵とパワーの金言②

* フェアな交換を維持するために、私は同等に与え、受け取る。
* 私は相手が愛するものを与え、私が愛するものを受け取る。
* 私は代価と引き換えに何かを提供する。相手が愛するものに対し、私が愛するものを与える。
* 無償で何かを与えるのも受け取るのも、幻想だということがわかる。
* 私は自分の働きに本当にふさわしいものを受け取る。
* 私は絶望ではなく、希望を感じるインスピレーションに投資する。
* 世界は完璧な秩序の中にあるので、私は尽くし、そして尽くされる。

不均衡な交換があなたの心を乱している

与えることと受け取ることのどちらが、より立派なことでしょうか。

あなたは与えるほうだと思うかもしれませんが、それはフェアな交換の原理も含む自然の法則を無視することです。

日常生活では、フェアなサービスに対してフェアな価値をちょうどよいタイミングで支払うという取引を守りたいと多くの人が思っています。ところが、そういう純粋な意図を持っている人たちでさえ、フェアな交換がうまくできないことがしばしばあります。

そもそも、本当の意味を誤解し、自分よりも他人に対して寛大であるべきだと思い込んでいることもあります。**「己を愛するがごとく汝の隣人を愛せよ」という聖句は、隣人をより愛せよではなく、同等に愛しなさいという意味なのです。**

与えることのほうが受け取ることよりも立派だと考えるのは、宇宙の法則である〝均衡の法則〟を破ることになります。

この法則は生命のエネルギー事象すべてに当てはまります。原子内の量子世界から人間の存在する大気圏、そしてはるか銀河系の果てまで、あらゆるエネルギーの交換は、与えることと受け取ることの間で完璧なバランスを維持しています。

この壮大な法則が示しているのは、創造または破壊されるものは何もなく、加えられるあるいは失われるものも何もないということです。この法則は、交換に関わるエネルギー事象が時間と空間の中で保たれていることを示しています。

この法則からはみ出し、**何かを無償で受け取ろうとする、または何かを無償で与えようとするたびに、あなたは自然界の力に抗《あらが》い、自己成長を邪魔しているのです。**誰かにお金を借りている、または誰かにお金を貸しているとき、それは不均衡の交換で、あなたを現在から引き離し、過去または未来へと翻弄します。

誰かに対する支払いが遅れてしまい、そのことで罪悪感を抱いたこと、あるいはどうやって返済しようか不安になったことはありますか。誰かのあなたへの支払いが遅れたことで、そのような状況に身を置いてしまったことに憤《いきどお》る、不安になる、または罪悪感を抱いたことはありますか。

借りたにしても貸したにしても、その額が大きいと思えば思うほど、心の乱れも大きくなり、あなたや相手のパワーを奪うのです。

この不均衡は、あなたの心を現在から引き離し、想像上の未来か記憶上の過去にさまよわせてしまいます。地獄を味わっているときは、未来への不安や過去の罪悪感を抱いているパワーのない心が乱れた状態です。一方、気分上々の天国の境地は、今ここにおいてバランスを保っている感謝の念がある状態なのです。

上質な人生を送る鍵はフェアで等しい価値の交換

フェアな交換を維持すると、良好な状態で現在にいられます。与えたら受け取るというバランスのとれた行動をとることにより、あなたは宇宙の保存のパワーに心を合わせますから、魔法のようなことが起きはじめるのです。

ところが、与えることと受け取ることのバランスを崩してしまうと、あなたは均衡の法則に逆らっていることになります。すると、バランスのとれた道へ心を向けさせるために、いろいろなことがあなたに起こるでしょう。

この世の中には、自分が勝つため、あるいは夢を達成するために、誰か他の人が負けなければならないと信じている人もいます。反対に、他の人が先を越していくために、自分が負ける、犠牲にならなければならないと信じている人もいるのです。こうした人は、自分の重要性を誇張するナルシストや他者の重要性を誇張する利他的なお人好しです。

おそらく、お人好しはどんどん与えつづけて、最後には「もうたくさんだ。他の人たちのためにこんなにも尽くしてきたのに、私は何一つしてもらっていない！」というところまで自分を追い込んでしまった経験があるのではないでしょうか。すると、今度は「それが私にどんな利益をもたらしたというのか。私だってもっともらっていいはずだ」と反対の極へ移動します。

生命には、誤った両極のバランスを徐々に元に戻していく本能があります。なぜなら、パワフルな現在とは、ちょうど真ん中、自己の利益と他者の利益が完璧なバランスを保つところにあるからです。これが、フェアな交換の鍵です。

フェアに、同等に、同時に与えて受け取るという知恵――日々の生活の中でフェアな交換を維持するのは、上質な人生を送る鍵になります。

あなたの人生の質は、あなたがする質問の質により決められますから、「他の人が愛するものを私が与えると同時に、私が愛するものをどのように受け取ることができるだろうか。どうしたら両方の達成感を得られるだろうか」と自分に聞いてみてください。

日常の中で、こういう質問を重ねていけば、まったく新しい、パワフルな金銭的に恵まれた人生が待っているでしょう。

他者よりも、まずは自分の働きにふさわしい報酬を

私が何年も前にビジネスをはじめたとき、自分のお金はいつも後回しにしたものでした。〝いいやつ〟になろうとして、とにかく出資者と社員への支払いを怠らないようにしていたのです。そして、月末に残ったわずかな額を自分に支払いました。金銭的に苦労し、長時間一生懸命働いていたにもかかわらず、私の収支はぎりぎりセーフという感じでした。

ところが、社員たちはわずか3カ月、6カ月、あるいは1年ほどで辞めてしまいました。出入りが激しかったにもかかわらず、どういうわけか、私はそんな社員たちのほうが自分よりも重要だと考えていたのです。自分の貢献度を過小評価し、社員の働きを過大評価していました。

ある月曜の朝でした。1年ほど勤めていた社員が、突然、「翌週結婚し引越しますから退職させていただきます。つきましては、最後の給料の支払いをお願いします」と言ってきたのです。

そこで私は目が覚め、自分に言いました。

「ちょっと待って。私のビジネスの中で最も重要で欠くことのできない存在は私自身だ。何があろうとビジネスにとどまるのは自分であり、いちばん働いているのも私だ。儲けは私ではじまり私で終わるのに、自分の分はさておいて、人の給料ばかり保証していた。働くことにやりがいを感じられなくなってきているのは、賢明なこととは言えない。私がいなければ、ビジネスはなくなり、社員たちは職を失ってしまう……」

その瞬間から、私は発想を転換しました。

自分自身の働きに対して確実に金銭的な見返りを得られるようにするため、まずは自分に支払いはじめました。

すると、その決断により社員たちに生産的な活動をする責任を持たせ、それに見合ったお金を受け取らせることができるようになりました。まさにその日から、私の経済的基盤は成長しはじめ、しかも、この運営方針はそれ以降ずっと有効に機能しています。利益は殖えつづけ、社員の定着率やモチベーションが高まり、勤続年数がぐっと長くなりました。本当に驚くべきことです。

重点に置くポイントを一つ転換しただけで社員が定着し、忠実になり、効率的に働くようになりました。資本を殖やし、会社の安定性が一段と高まり、社員も私も経済的に安定しました。それまでの私のお金の運用の優先性が逆だったために、結果も逆だったのです。

「それは、冷たいよ」と言う人もいるかもしれませんが、私はただ正直でいるだけです。私はより効果的な方法をとるためなら、冷たさも温かさも両方演じる心構えがあります。ビジネスの環境が変動しても、社員の職を保証しながら、同時に社員に寛大になる能力が今の私にはあります。**自分勝手は誰のためのサービスにもなりませんが、正しい知識をふまえた自己利益は役に立つのです。**

無償で何かを与えるのも受け取るのも幻想

世の中には等式の片側に偏っている人もいます。与えることよりも受け取ることを求めていると、人は長期的に見るとうまくいきません。フェアな交換の原理を無視しつづけることはできないのです。

人生の七つの領域――精神性、知的活動、職業、お金、人間関係、家族、身体――の、どの部分であろうとこの交換のバランスを欠いている感じがするときは、いつでも現在の状態がぐらつき、不安や罪悪感をつくり出してしまいます。あなたが均衡を取り戻すまで、この状態は人生の各領域であなたの進歩を妨げるでしょう。

サービスが施されたら報いなければなりません。それは、今も昔も変わらない、パワーと豊かさを促進させるシークレットなのです。

ある女性からエキサイティングなビジネスの申し出を受けたので、コンサルティングをしてほしいと電話がありました。親しくなった成功したビジネスマンである友人が利息なし無期限で創業資金25万ドルを融資すると申し出たそうです。

彼女はかなり興奮していましたが、それを聞いた途端に私は「絶対にあり得ません」と言いました。

彼女はたじろいでこう言いました。

「でも……どういう意味ですか。素晴らしい申し出ではありませんか。いったい全体、どうしてその申し出を受けてはいけないのでしょうか」

「あなたの言うこともわかりますよ。でも、その人との間に明確でフェアな交換を同時に打ち立てておかないなら、取引はしないほうがいいと思います。何かを無償で手に入れるというのは、成功するための基本原則に反しています。お金を借りるなら、あなたが支払う利息、返済期限、支払い不履行時のペナルティなどを明確にしてください。

さもないと、せっかくつくった関係や、おそらくあなたのビジネスのパワーもそいでしまうでしょう。きっと浅ましい期待と憤りを引き起こすことになり、その過程であなた自身のパワーを損なうことになるかもしれません。救われるということは賢明ではなく、フェアで同等のパートナーになることが賢明なのです」

この女性は私のアドバイスを受け入れたことにより、今ではパートナーとの関係は良好で、金銭的にも潤っています。

融資者を尊重し、フェアで公平な約束をする誠実さを持っている人に対して、融資者はどのように感じるでしょうか。自信と信頼と尊敬が自然に生まれ、未来のチャンスを殖やすでしょう。

その反対に、かなり困っている親戚を助けようと大金を貸してしまったとします。その人はおそらく二度とこの大金を拝むことはないでしょう。フェアな交換からほど遠いのですから、この試練を一生分の学びだと考えない限り、心に痛手を受ける結果になるでしょう。金銭的にフェアな交換という精神的法則に逆らうことはできないのです。

こうした法則は、人生のどんな領域であっても、フェアな交換の王道を進むように教え、導くためにあるのだということを覚えておいてください。

世界と自分はバランスでつながっている――みにくいアヒルの子

バランスが崩れているという感覚は、他の人との間だけではなく、神または世界全体との関係にも言えることです。

かつてシアトルで先天性皮膚疾患の女性に出会いました。その女性は肌に異常があるだけではなく、耳は小さく、鼻は大きく、ふつうの人とは違った顔つきでしたから、彼女のあだ名は〝みにくいアヒルの子〟でした。

生きてきたほとんどの日々そう呼ばれてきた女性の気持ちを想像できるでしょうか。内面はとてもかわいらしい女性でしたが、一人ぼっちで、内向的で、自分はみにくいと感じながら成長しました。

彼女は私の「ブレイクスルー体験セミナー（個人的変化のアプローチに関するもので、拙著『正負の法則』の中で詳しく説明しています）」へやってきて、どんな出来事においてもバランスと秩序を見つけるための実習に参加しました。そこで、何ともアンフェアに思える苦悩をもたらすことにも、彼女は即座にバランスと秩序を見出しました。彼女は自分をみにくいと感じてしまっていたために、自分を美しいもので取り囲んでいたことに気づきました。

現在、彼女は全米屈指のインテリア・デザイナーの一人です。子供のころはからかわれ、馬鹿にされ、一人ぼっちだったこの女性は、彼女をいじめた一人ひとりに向かって、心からお礼を言いました。

「当時、神様が私の人生に働きかけてくれているなんてまったく思いませんでした。私にこの運命を与え、素晴らしい人になるように導いてくれているなどと、夢にも思わなかったのです。私にいちばんインスピレーションを与えてくれていることは、この世界に美しさをもたらし、人々が身の周りにある美しさを見出せるようにすることです。私には生まれつきその能力があり、それを見出す手助けをしてくれたあなたに感謝したいと思います」

人生のどこかの時点で、高い代価を払ったと感じているなら、それに見合う天恵を見つけ、バランスをとり、センターに戻ってください。

求めずに与え、そして受け取る

ロバート・シュラー博士は、著名な精神的指導者で、思慮深く心の広い聖職者であり、カリフォルニア州ガーデングローブにあるクリスタル大聖堂の創立者です。シュラー博士は私のメンターの一人になり、たくさんの精神的原理を私に分け与えてくださいました。

彼にはじめて出会ったのは、私が21歳のときです。

当時、私は比較宗教と哲学を学ぶヒューストン大学の学生でした。冬休みの間にコロラド州ボルダーで開かれたキリスト教信仰復興修養会の体験をした後、残り半分の距離を行けばカリフォルニアだと考え、ヒッチハイクをしてシュラー博士に会いに行くことにしました。

到着したとき、博士は大聖堂で400人以上の信者たちと話をしていました。そこで、説教が終わった後に面会できるようアポイントをとることにしました。

旅で少し汚れた服を着て、バックパックを抱えた私は、人でいっぱいのレセプションルームを通って博士の秘書のもとへ行きました。

「ロバート・シュラー氏のミーティングが終わったら、お会いしたいのですが」

そう言うと、その女性はにらむような目つきで眼鏡越しに言いました。

「坊や、それは不可能ですね。博士はとても忙しい方ですし、ここにおられるたくさんの紳士たちも、もう何カ月も前からアポイントを取っておられます。書面で申込書を提出いただかなければなりませんし、そうして2、3カ月は……」

「すみませんが、あなたはわかっておられません。僕はコロラドからはるばるヒッチハイクをしてきたのです。明日にはテキサスに戻らなければなりません。僕は博士に会わなければならないのです。何でもします。たとえ2、3分だけでもお会いしたいのです」

と私は言いました。ところが、何を言っても聞き入れてくれなかったため私はとにかく座って待たせてくださいとお願いしました。

およそ30分後に、シュラー博士のオフィスの扉が開き、彼が入口に立っていました。そこで、急いで彼の横に駆け寄りました。博士は語りかけていた男性に「さようなら」を言うやいなや、私のほうに向き直り、手を取って言いました。

「こんにちは。お入りなさい」

自分の欲しいものが一点の曇りなく明確で心が決まっていると、驚くようなことが起こるものです。パワフルな意図を前にすると、あらゆる障害が煙のように消えてしまうこともあります。

部屋に入るとき、ちらっと秘書のほうを見ると、彼女は呆気にとられていました。待合室にいた紳士たちも、信じられないという表情で顔を見合わせていました。

こうして私は、メンターになったシュラー博士と45分間話をすることになったのです。

「君の夢を話してくれるかね。君にはどんな可能性があるのだろうか」

「そうですね、僕はあなたのようにインスピレーションを得たいと願っています。そして、いつか本を書き、僕のインスピレーションを世界と分かち合いたいです」

私は自分の夢について語りました。

「それは素晴らしいね。いいかね、山も谷もたくさんあるが、君は意識を山の頂上に集中させなければならない。そうしないと、谷に引きずりおろされてしまうこともあるからね。人生は山の頂上から頂上へと渡る経験なのだよ」

と言い、その後、テレビのキリスト教伝道番組にまつわるエピソードを語ってくれました。

あるとき、番組のプロデューサーが博士のところへやってきて、週末までに少なくとも300万ドルが必要で、それがなければ番組は打ち切りになると告げたそうです。放送を通して、シュラー博士は「信じなさい。そうすれば神が授けてくれるだろう」と人々に語っているのですが、その週は神様からの施しがなかったのです。当時、300万ドルという額は彼の財力をはるかに超えていたために、途方に暮れ、動揺したと言います。

「私はどうしたらいいのかわからなかったので祈りはじめた。このオフィスに来て、ひざまずき、3日間辛抱強く解決策を待ったのだ。300万人に一人1ドル、あるいは、30万人に一人10ドル、あるいは3000人に一人1000ドルの献金をしてもらう必要があると考えた。しかし、どうやって……」

とうとう3日間の祈りの後に、解決策がひらめいたそうです。

「無償で何かを求めてはいけない。その対価を与えなさい」

そのメッセージを受け取って数分のうちに、人々にインスピレーションを与えることばが思い浮かび、それを紙に書きました。次から次へ流れ出てくることばを、シュラー博士はすべて書きとめたそうです。

そして、彼の内なる声が、「人々にインスピレーションを与えるメッセージのついた小物をつくって、献金してくれる人にプレゼントしなさい」と告げました。つまり、どんなものにも対価があるということです。

次の日曜日の放送に合わせて、彼は急いで商品見本をまとめました。そして、そのインスピレーションを与えるメッセージ・グッズを買い求める人たちから３００万ドルをはるかに超えるお金を集めたのです。

博士がすでに持っていたにもかかわらず見えていなかったものが、何か価値のあるものを差し出そうと心に決めた瞬間に惜しみなく湧き起こったのです。彼は、祈りを捧げ、インスピレーションを授かりました。

インスピレーションを分かち合うことで、彼の聖職にパワーを与える驚くべき富を受け取ることになったのです。

博士は施しを求めたのではなく、人々に授けました。そして、人々も同じことをしたのです。このように人生を歩みはじめると、あなたにも同じような奇跡が起こるでしょう。

もしあなたが自分には何もないと考えるならば、どうして宇宙はあなたという人間を授けたのでしょうか。足りないものや少ないものに意識を集中させるのではなく、あなたがすでに持っている愛や知恵、人間関係をしっかり受けとめ、そこから行動してください。

絶望ではなく、希望を感じるインスピレーション――ボランティアの作法

与えるという行為そのものは尊く価値のあることだと多くの人が信じています。この世の中

に素晴らしい慈善事業があることを否定するつもりはありませんが、私はその行いをもっと洗練させる方法を提案したいと思います。

まず、救う必要があると感じる人たちではなく、あなたにインスピレーションを与える対象に寄付してください。次に、他の人への寄付とあなた自身に対する寄付とのバランスを崩さないでください。そして、三番めは匿名で寄付をしてください。

あなた自身と他の人のためにもっと大きな富や成果が欲しいと願うならば、絶望ではなく、希望を感じることに投資しましょう。あなたにインスピレーションを与える相手や理由に寄付してください。たとえば、涙が出るようなら、それはインスピレーションのしるしといえるでしょう。

経済的に絶望している友人を救おうとしたことはありますか。そのような場合、お金を貸すのは愚かな行為です。結局、貸したお金にも相手の友人にも別れを告げることになる確率が高いのではないでしょうか。

お金の管理が適切でなかった友人に、あなたはさらにお金を与えたのですから、そのお金は同じように管理されます。結果は火を見るよりも明らかでしょう。

宗教などに対して与えたいという願望が強すぎて財産を失い、貧しくなってしまった人たちもたくさんいます。そんな思い違いに陥らないでください。自分には何も与えずに、何らかの対象にお金を与えることは馬鹿げています。あなたが自分自身に積み上げ、後になって寄付することもできます（たとえば亡くなる前に）。早まってすべてを与えてしまうよりも、そのほうがずっとよいのではないでしょうか。

自分のお金を賢く管理し、自分自身に投資することには意味があります。貧しい生き方をして、何も遺《のこ》せないよりもずっといいでしょう。

慈善事業については、もっと微妙な側面もあります。

「私どもにご協力いただけないでしょうか」と、玄関先にやってきた人がいるとしましょう。教育、病気の根絶、森林や海、野生動物の保護、宗教、政治家など、何らかの形で世界に変化を起こしたいという人間の願望をリストにしたらきりがありません。

その理由にあなたが触発されて寄付した場合、受け取った側は感謝するでしょうが、そこで何が起こると思いますか。あなたの名前はリストに載り1年後に再びその訪問者は戻ってくるでしょう。1年経ってもまだ問題が解決されていないとなると、あなたのモチベーションはおそらく少し下がっていることでしょう。そして年々あなたの寄付したいという願望は衰えるはずです。

同時に、受け取る側はそれが習慣になることで感謝は薄れていくのですが、寄付を手に入れることへの期待感は一般的に高まります。やがてあなたは義務と感じ、あなたが拒むと相手はがっかりするか憤ります。**こうしてあなたの思いは、与えたいという好意から与えなければならない義務へと変化していきます。**

これは頭のいい与え方でしょうか。

慈善事業への寄付、貢献など、与えるときの最も賢明な方法は匿名で行うことです。前者との違いを考えてみてください。最初の例では受け取る側はあなたに感謝します。あなたも相手も最初はいい気分になりますが、やがて不愉快になる〝ほめて責める〟交換サイクルにはまってしまいます。

後者の例では、あなたが心から大事だと思う人または団体は、夢を叶える助けになるお金を手に入れますが、誰からかはわかりません。すると、誰に感謝するでしょうか。「神様、ありがとうございます」と天を見上げるのです。この受け手は品格を奪われることもなく、またあなたに世話になろうと期待することもありません。その代わりに、天、つまり宇宙全体に感謝します。

そのように感謝できるようにしてあげることは、尊く価値のあることです。なぜなら、よりいっそうありがたいという気持ちを抱き、宇宙を信頼するようになります。宇宙の一部であるあなたに感謝するだけではなく、宇宙全体に感謝します。それは、いっそう大きな感謝の念なのです。あなたが匿名の寄付をするときは、いつでもその報いとして目に見えない慈善パワーを授かります。このフェアな交換とパワーを維持するための鍵は、そのことについて他の魂に、たとえ最愛の人にさえ決して言わないことです。

覚えておくべき三つのポイントは、あなたの心を動かすようなインスピレーションを与える理由に寄付することと、あなたが受け取ることとバランスをとって与えること、匿名で寄付することです。賢明なる匿名の慈善と愚かな絶望を救う施しの差は甚大です。〝かわいそうな人たち〟というような同情や哀れみから与えることは賢いことではないのです。

匿名で寄付することにより、あなたは時間を超越した内なる達成感を得ることでしょう。この感覚は、より崇高な自己価値であり、慈善行為が物質を超越した投資に変わる交換の形です。あなたも試してみれば、物質を超越した報いとはこれだとすぐわかるでしょう。

希望を感じるインスピレーションに投資するときはいつでも、あなたの内面的な豊かさのレベルが高まります。ですから、品格の高い人になっていけるように、あなたも尊い慈善行為を行い、賢く生きましょう。

受け取るべき報酬を明確に考える

受け取ることが困難に思えるときは、与えることを遅らせてください。同じように、与えることが困難に思えるときは、受け取ることを遅らせるのです。

宇宙は完璧なバランスを維持していますから、二つのフェアな交換は同時に発生し、バランスがとれています。宇宙は創造と破壊を繰り返しながら維持されていきますから、白い光を放つ星によって与え、ブラックホールによって取り込みます。

あなたも同じです。

無償で何かを与えている、あるいは無償で何かを受け取っていることを想像するたびに、あなたは自己価値をおとしめています。あなたの自己価値が、内面的な豊かさのレベル、あるいはあなたが人生でやることや所有するものを決定しているのです。与えることと受け取ることを、あなたがどれだけ上手にバランスをとり、最大限に活かしているか。それは、あなたの自己価値の高さに比例しています。

与えることと受け取ることをより大きく考え、他の人に価値のあるサービスを与えることとあなた自身がふさわしい価値のある報いを受け取ることを考えてみましょう。あなたが愛せるサービスを与え、与えるサービスを愛することは、ずっと賢く、より深い達成感を抱けるはずです。

同じように、報いを受け取るときも、あなたが愛せる報いを受け取り、あなたが受け取る報いを愛するほうがずっと賢く、より深い達成感を抱けます。

フェアな報酬について考えないで誰かにサービスを施す場合、あなたの自己価値だけではなく、結局あなたがサービスした相手の自己価値をも低下させてしまいます。あなたのサービスの報酬としてあなたが喜んで受け取りたいものを明確にすることで、支払いに関して相手を悩ませずにすみます。そうしておかないと、相手は不確かさや義務感を味わいますから、あなたが提供したサービスの価値さえ低下させてしまいます。

いずれにせよ、人は自分が支払うもののほうが価値があると見なす傾向があるのです。支払いは金銭に限ったことではありません。評価、関係、特権などもありますが、あなたが与えたいものに対して受け取りたいと思うものを指定すること。**つまりあなたが外に向けて施すサービスに対して内面の価値を明確にすることが重要なのです。**

この交換の両面は最終的にバランスをとりますが、あなたが特定の形を明確に決定するのを待っています。決定した瞬間に、あなたは過去と未来の不確かな迷路から解き放たれ、感謝の念に満ちた秩序のある現在に全身全霊で存在し、天国の境地に入るのです。この現在の状態にいるとき、あなたは他の人たちにインスピレーションを与えられます。フェアな交換を実践することにより、あなたはフェアな天恵を表現します。

次に紹介するエクササイズは、フェアな交換の価値に関する理解を自分のものにし、次章のテーマである感謝の気持ちのパワーに目を向ける準備をしてくれるでしょう。

エクササイズ

人生を振り返り、借りがあると気になっている人について考えてみてください。あなたにお金、時間、支援、または贈り物を与えた誰か、あるいはちゃんとお返しをしていないと感じている親切な人などです。その人を明確にしたら、次のどちらか、あるいは両方を行ってください。

①「その人から受け取ったものに相当する、どんなことを私はしてあげただろうか」と自分自身に聞いてみてください。そしてどうして手に入れられたのか、その理由を思いつくますべてノートに書き出してください。等しい交換に戻したと感じるまで、書きつづけてください。
納得のいくまで書けたか、一つ大きなものが当てはまったら、間違いなく解放された感覚を得ることでしょう。それは、無意識の緊張感が解かれる、または見えない壁が崩されるような感じで、あなたがその人に関して認識していることがすべて変化するはずです。

② その人が与えてくれたものを、どうしてあなたが手に入れたのかがわからないなら、「その人が私にくれたものに等しい、どんなことをその人にしてあげられるだろうか。あるいはどんなものを与えられるだろうか」と自分に聞いて、それを実行してください。これにより、意識的にせよ無意識的にせよ、あなたが避けてきた誰かにしっかり心を開くことがで

きるでしょう。

これまでの人生であなたが思い出せる不均衡な関係一つひとつを振り返り、同じ手順でこれを行ってください。あなたが受け取ったもの（あなたのみが不均衡だと認識しているもの）に相当する、どんなことをあなたはすでに行ったのか、またそれに相当するどんなことができるだろうかを見つけてください。そして、意識的にバランスをとってください。

あなたが与えてもらったものに対して、お金、贈り物、心からの感謝状、または心のこもった感謝のことばで、その人にお返ししてもいいでしょう。あなたが適切だと思うことなら何でもやってみてください。

ただし、フェアな交換に目覚めるか、そこに立ち返らなければなりません。そして、その効果が人生にどのように反映されるかをしっかり見ていてください。

このエクササイズは、バランスを取り戻し、不均衡により散り散りになった心の断片を現在に戻してくれることでしょう。あなたがこのステップアップを自然に身につけると、誰かと関わっているその場その瞬間に、あなたのパワーと可能性は大きく飛躍するでしょう。

あなたがわかっていようといまいと、すべての交換はすでにバランスがとれているのですが、あなたがそれを知り、実感するまで、エネルギーと自由を取り戻すことはありません。

第3章

感謝のパワーが富を引き寄せる

The Power of Appreciation

知恵とパワーの金言③

＊私のお金は回っている。
＊月の終わりを待ち遠しく思うのではなく、月末の残高はプラスで終える。
＊富を築く知識は日々ふくらむ。
＊私には高く評価できる経済的基盤がある。
＊富の庭に花を植え、感謝の気持ちから水を与える。
＊私が考えること、感謝することは何でも実現する。
＊私は至福の富を愛し、感謝する。

富の法則と感謝の心

この章では、なぜお金をありがたいと思い、価値あるものとして尊重することが賢いことなのかを見ていきましょう。あなたの未来が天国に通じているか、地獄に向かっているかは、それにかかっているのです。

あなたのありがたいと思う気持ちは裕福さの度合いに影響するでしょう。感謝の気持ちは魔法のように引き寄せる力を秘めています。あなたがありがとうという気持ちを傾けるどんなものでも引き寄せられます。その逆も、またしかりです。品もなく感謝の気持ちもないと、追い払うパワーを発揮します。

つまり、あなたには金銭的な天国か、あるいは地獄を創造するパワーがあるということです。なぜなら、あなたの人生のもろもろのことと同じように、経済的状態はあなたに感謝の気持ちがあるかないかに反応しているからです。

富をありがたいと思うことは、豊かさの大事な質です。あなたが価値を尊重する、またはありがたさを感じられるようになるまで、富があなたのもとにとどまることはないでしょう。

ある人があなたに美しい銅像をプレゼントしたのに、あなたが押し入れの奥に投げ入れてしまったら、あなたにもう一つあげようと思うでしょうか。その人は、どうせあなたは芸術のありがたみがわからないのだから、価値のわかる他の人にあげたほうがいいと思うでしょう。また恋人との関係をありがたいと思えないと、どうなるでしょうか。結局、その人を追い払ってしまいます。クライアントを尊重し理解しなければ、クライアントはあなたのところに戻ってはこないでしょう。

ここでちょっと、宇宙を擬人化して宇宙があなたにも同じことをしていると想像してみてください。宇宙があなたにチャンスを与えたのに、あなたがそれをありがたいと思わない場合「今、この人にチャンスをあげるのは賢明ではない」と考えます。宇宙は、あなたの人生のあらゆる面を愛し、感謝することを教えようとしていますから、宇宙はあなたが感謝するものを与え、あなたが感謝しないものは取り去ります。

あなたが人生で受け取るものの量と質は、あなたのありがたいと思う気持ちの度合いに比例しているのです。あなたが愛し、感謝しなければ、お金と富を愛し感謝する人のところに行ってしまいます。

富の価値を大きくするために、知識は絶対に欠かせません。アート・ギャラリーに行った場合、絵画の価値を評価する能力は、絵についてどれだけ知識があるかにより決められます。絵の具、ワニス、光、画法、筆づかい、美術史などの知識があればあるほど、あなたの評価は深いものになります。

愛するものに関心を抱くだけではなく、価値を評価し、価値を知ることにより、いっそう尊敬することができるのです。

「裕福になって、幸せになりたいけれど、お金のことをあれこれ学びたくはないのです。考えただけで頭が痛くなってしまいます」という人がいます。確かに、何も知らないことに踏み込むのですから大変ですが、富の価値を見出すために時間を費やさない人の手元に、どうして富がもたらされるでしょうか。

富の法則を学ぶことは、すなわちあなたがその価値をありがたいと思っている証拠です。そうすることで、あなたは時間や注意、人生を傾ける価値があるものだと明言しています。あなたがその価値をありがたいと思うものは何でも成長するのです。

あなたはすでに、この本を読みはじめたときよりも富の法則に関する知識を持っていますから、引きつづき二、三の個人的な適用方法を加えていきましょう。

自分の資産を整理し、評価する

これまで豊かな天国に行くための哲学や心理学の話をしてきましたが、ここからは、「あの世の徳」ではなく「この世の得」、つまりいかにお金を儲けるかという実践面を見ていきます。

富を築くために必要で決定的な知識の一つは、あなたの現在の資産状態の詳細なリストです。現在の状況が明確であればあるほど、より早く未来の財力を高めはじめることができます。

かつて私がコンサルティングをさせていただいたニューヨークの大富豪が、大邸宅内を案内してくれました。彼の書斎の壁の一面には、所有しているすべてのものに関するファイルがアルファベット順にぎっしり並んでいました。車、家、投資、宝石、25万ドルのシャンデリア、50万ドルのエジプト製暖炉まで、彼の全財産に対応するファイルがあったのです。

ファイルは美しく整理されており、価格、購入年月日および場所、最新の査定額、写真があり、全情報の写しは縮小された形で金庫にも保管されていました。彼は莫大な富を所有していましたが、そのすべてがどこにあるか明確に知っていました。

この大富豪は、潔癖症や強欲さからこんなことをしていたのでしょうか。いいえ、彼はこの原理の重要さを知っているがゆえに、貴重な時間を費やしたのです。資産を管理している場所がきれいに整理されていると、そうではないときよりもお金が入ってきます。

資産運用の達人たちは、どれだけお金を持っているか、どこに投資しているか、どれほど収益を得ているか、全資産と負債はどのくらいか、すべてを把握しています。純資産を知っているからこそ、もっと手に入れることになるのです。

これを平均的な資産を持つ一般の人と比較してみると、一般の人はその価値も、それがどこにあるのかも、利息をどのくらい得ているのかも、保険がどこまでカバーしているのかもわかっていません。私の言っていることが信じられない場合は、適当に選んだ人たちに聞いてみてください。きちんと説明できる場合、その人の財産とそれに関する知識の相関関係がわかるでしょう。

あなたの知識と富を殖やすために、あなたが所有するすべてのものをリストアップし、資産状態を整理してください。投資、保険証書、所有物、資産などです。価値のあるすべてのものについてファイルをつくってください。


資産を整理し、価値を評価する人たちは、そうしない人たちよりも財産形成がかなりうまくいきます。


もしあなたが自分の資産を明確にしたことがないなら、今が実行するチャンスです。もしあなたが経済的に気まぐれな生活をしていたら、どうやって先に進むことができるでしょうか。今こそ、目を覚ますときです。

あなたが今どこにいるかを把握し、どこへ行きたいと思っているかを決めてください。そして、そこに到達するための計画を立てましょう。この〝リアリティ・チェック〟を受け入れる人たちは、そうではない人たちに比べて夢を達成する可能性が高いでしょう。

時間をかけて自分の資産をチェックすると、財産的な見返りがあることを私がお約束します。なぜなら、いったん意識的に自分の立ち位置を正確に把握すれば、金銭的な自由へ通じる道へ導かれます。

もちろん、何をするにしても、肚《はら》を決めるにはモチベーションが必要ですが、あなたに起こることは、お金持ちになるためのモチベーションを高めます。

目を背けてはいけない老後の資金——お金のリアリティ・チェック①

今から紹介するのは、あなたを目覚めさせ、お金のありがたさを改めて実感するための〝リアリティ・チェック〟です。ちょっとショッキングな体験になるかもしれませんが、自分の資産状況を現実としてとらえない限り、富を築いていける見込みはないでしょう。

それでは、まず真っ白の紙を用意してください。上部中央に、現在のあなたの年間生活費を書いてください。そのすぐ下に、あなたが望む道理をわきまえた理想のライフスタイルを送るために費やすであろう年間生活費を書いてください。

さて、二つの数字を足し、合計を2で割ると理想と現実の平均年間生活費が出ます。たとえば、あなたの現実の生活費が4万ドルで、理想の生活費が10万ドルならば、その平均は7万ドルになります。

誰もがそうですが、あなた自身にも二面性があります。実際のあなたよりも素晴らしい部分と実際のあなたを悪く見せ、低くしてしまう反対の部分があり、バランスをとっています。この二面のちょうど真ん中がおそらくあなたであり、あなたの平均年間生活費が象徴するところです。

次に、紙の左下にあなたの年齢を書いてください。すぐその下に、平均年間生活費を記入し

72の法則を使って
将来の理想の年間生活費を算出してみる

あなたの現在の年間生活費	$40,000
あなたの理想の年間生活費	$100,000
計	$140,000 ……①

↓

①÷2＝理想と現実の平均年間生活費　$70,000

↓

年間生活費は15年ごとに2倍になる

40歳	55歳	70歳	85歳	100歳
$70,000	$140,000	$280,000	$560,000	$1,120,000

2倍　2倍　2倍　2倍

ます。それから、少し右に移動し、15を足した年齢を書き、すぐその下に平均年間生活費の2倍の額を書いてください。

たとえば、40歳で平均年間生活費が7万ドルの場合、その右には55歳で14万ドル。同じように15歳足し、2倍して、１００歳まで計算していきます。70歳では28万ドル、85歳では56万ドル、１００歳では１１２万ドルになります。ほとんどの人は１００歳で25万ドルから２００万ドルの間の年間生活費になるでしょう。

15年単位にしているのは、比較的コンスタントにドルの価値が低下しているインフレ現象を考慮してです。「72の法則」と呼ばれる金融の原理があり、72年をインフレ率で割ると、結果は平均年間生活費を2倍するのにかかる年数になるといわれています。過去１００年のインフレ率は平均４・８％でしたから、72を４・８で割ると、2倍になるには15になるというわけです。つまり15年ごとに生活費が2倍になるだろうという計算です〔訳者注：一般的に「72の法則」は資産運用において元本を2倍にする場合の計算に使われますが、ここでは平均年間生活費が2倍になる年数を出すために引用されています〕。

信じがたいと思うならば、25年前の車の値段を思い出してください。またかつて家賃をどのくらい払っていたか、スーツやドレスがどのくらいの値段だったかを思い出してください。短期的なデフレもありましたが、金融の流れにおいてはインフレのほうが一般的な傾向です〔訳者注：日本でも、東京オリンピックが開催された１９６４年から２回目の東京オリンピック開催が決まった２０１４年までの50年間で、物価はおよそ3倍〜10倍になりました。デフレ時代が長く続き、物の値段が上がる実感がありませんが、今後は経済成長によるインフレではなく、円安やコスト高によって物価が上昇することも十分考えられると専門家は見ています〕。

年間利息だけで1年の生活費を生み出せるか？——お金のリアリティ・チェック②

あなたが40歳で7万ドルからはじめた場合、15年ごとに2倍していくと、１００歳で生活を維持するためには１１２万ドルかかることになるのがわかるでしょう。もう少し年齢が上なら少し低く、もう少し若いなら少し高くなっているかもしれません。

では、いったいそのお金はどこからくるのでしょうか。国が支給してくれないのは確かです。

となると、収入源が必要になるでしょう。けれども、１００歳では働けないかもしれません。ということは、遺産、貯蓄、投資やその配当、利息が頼りになります。おそらく１１２万ドルをつくり出すためにはどれだけの投資や貯蓄が必要になるのだろうかと、あなたは考えているのではないでしょうか。

貯蓄や投資の利息は、年平均８％ということは元本のおよそ12分の１です。平均年間生活費を生み出すのに、どのくらいかかるか計算するには、その額を12倍します。今までの例を使うと、１１２万ドル×12で、１３４４万ドルになります。ことばをかえると、年間利息で１１２万ドルを得るためには元本が１３４４万ドル必要になります。利息だけではなく、元本も生活費として使っていけば、元本は減りますから、利息も減少してしまいます。

同じライフスタイルを維持するために、それだけのお金がいるのだろうかと、あなたは今思っているかもしれません。それでは次の情報について考えてください。

１９６０年代、ファイナンシャル・プランナーがクライアントに定年退職するときの目標として、年間生活費として現在の年間生活費の60％を準備するよう計画することを勧めていました（私は定年退職を勧めるわけではありません）。１９７０年代、それは70％でした。そして80年代までに数字は80％、90年までに90％になっていました。

今、私たちは21世紀を生きていますから、いわゆる定年退職時に現在の年間生活費と同額が必要だと考えて計画するのが賢明ではないかと信じています。どんなときでも、低くよりも高く見積もるほうがいいのではないかと私は考えるからです。

また、その額はライフスタイルを維持するだけですから、あなたはそこにとどまる気などないのではないでしょうか。お金持ちになるためにこの本を読んでいるあなたなら、そこにとどまりたくはないのだろうと、私は察しています。おそらく、どんどん成功し、ライフスタイルの水準と質を上げつづけたいという願望を持っていることでしょう。

そうであれば、次の質問です。あなたは1350万ドルを預金する道をたどっていますか。残念ながらほとんどの人がそうではないと思います。

実際は、ほとんどの人が考えないというのが現実です。そんな期待を抱かない、事前に計画しない、ましてや未来を想像することさえしません。どうにかなるだろうと高をくくり、インフレや生活費が貯蓄を食いつぶしてしまうことに対して無防備なのです。

あるいは、少しは考えているかもしれませんが、あまり遠い未来までは考えていません。目先のことが満たされるようにという願望を持って生きており、今欲しいもの、必要なものしか考えていないのです。

短期的に物事を考えるということは、時間とお金の奴隷になることを意味します。金銭的奇跡がなければ、こういう人たちは後半生で社会保障に頼るようになる可能性が高くなります。

「神様が見放すようなことはしないから大丈夫だろう」と言う人もいますが、結局愛する子供や親戚の世話になる羽目になり、ライフスタイルを極度に落とすしかなくなることもありま

年間利息だけで
112万ドル（1年の生活費）を得るには？

利息の年平均8%＝元本の1/12

↓

112万ドル×12

↓

平均年間生活費を生み出すには
1344万ドルの元本が必要！

す。自分にふさわしいライフスタイルを確実なものにしたければ、今から準備しはじめる必要があります。神は自ら助くるものを助くのです。

〔訳者注：本書が出版された２００８年当時のアメリカと、現在の日本の金利はかけ離れていますので、たとえば先に説明された「72の法則」通りにお金や生活費が増えるとは考えられません。しかし、ここでは作品のオリジナル性を尊重して、原文のママに日本語訳をしていることをご了承ください。
　ちなみにファイナンシャル・プランナーの山口京子氏によると、たしかにバブル期の日本では金利７％くらいの預金や養老保険などの貯蓄性の高い保険などがたくさんあったので、お金を預ければおよそ10年で倍になったそうです。ところが、２０１５年現在では普通預金の金利およそ０・０２％では３６００年、10年の定期預金でも金利およそ０・１％

では720年かかるとのこと。「だからこそ、投資を学ぶことが大切です」とおっしゃっています」

未来のための財テク・アクション――お金のリアリティ・チェック③

私が老人ホームにいる母を訪ねると、お年寄りたちが「子供の負担になるぐらいなら死んだほうがましですよ」と言うのをよく耳にします。このような考え方こそが、お年寄りたちの生きる気力をなくしているのです。お金がいくら残っているか数え、どのくらい続くか計算し、驚くことにそのスケジュールに合わせるように亡くなる方が多いのです。

早く年を取って子供たちの世話になりたいと考えている人はいないでしょう。誰の負担にもならずにある程度の生活のレベルを維持したいという誠実さを、誰もが生まれながらに持ち合わせているはずです。けれども、長期的なプランや手段を用意しなければ、そのような行く末が待っているかもしれません。

この章の目的は、あなたに立ち止まって考えてもらうことです。**「私はこのことを考えただろうか？　未来のお金の運用を計画し、準備しているだろうか」と。**今の生活にかかっているのはいくらか、そして将来の生活にいくらかけたいのか、それを叶えるために必要な預金額は……。

さあ、目を覚ましましょう。この行動があなたの最も重要な財テク・アクションになるかもしれません。ショッキングだからこそ、自分の富に価値を見出しはじめるモチベーションになるでしょう。「お金のことを勉強しはじめたほうがいいかもしれない」、あるいは「ずいぶんお気楽に生活していて、家族か遺産、神様か宝くじがどうにかしてくれるだろうなどと夢想していた」と思うかもしれません。

あなた方を怖がらせようとして、私はこんな指摘をしているのではありません。心配しているのです。あなたが今すぐこのアイデアを取り入れ、自分自身の未来の財産を変化させなければ、未来になってからどうにかせざるを得なくなるでしょう。

お金に夢中になれとか強欲になれと言っているのではありません。お金に夢中になる人は、結局お金に操られ、やがて後悔することになるでしょうが、お金の価値に心から感謝できる人たちはお金を操れるのです。

お金という媒体は、フェアな交換という宇宙の原理を表現する効率のよい手段なのです。お金の価値を軽視すると、お金はあなたから離れていってしまいます。お金や物質に無頓着だという人は、人におごってもらう、または家賃を借りることがよくあるようです。富の価値を否定しようとする人たちは、ありがたいと実感できるようになるまでに逆に富から否定されてしまうでしょう。あなたがお金のありがたみを実感すると、お金のほうからあなたに歩み寄ってきます。花や人生のように、富は愛でられると開花するものなのです。

喜んで受け入れることを選択すれば、未来もパワーもあなたのものです。あなたの未来のお金の運用を詳細にプランニングすることにより、天国のような現実を生きられるようになります。

寂れた街と私のジャガー——精神の淀みが物質を変化させた実例

感謝の原理は、お金や意識といった微妙な事柄だけではなく、高密度の物質にも適用されます。あなたの意識は場であり、形のない力であり、あなたの周りにある物質や状況にパワフルに影響します。〝心の場〟は神の無限の創造的可能性にリンクされていて、感謝やありがたいと思う気持ちのパワーを通してアクセスすることが可能です。

廃《すた》れたみすぼらしい街、どこを見回しても朽ち果てているような場所へ行ったことはありますか。錆《さ》びて放置された車やテナントのいない店、穴の空いた通りや壊れた歩道……。このような状況はそこに住む人たちの心のあり方にも同じような状態をつくり出すという科学的理論がありますが、数年前にとても面白い現象が観察されました。

社会活動家たちが貧しい街に入り、そこを完全に修復しました。ゴミを撤去し、道路も歩道も修復し、街灯を修繕し、家々のペンキを塗り直し、公共の公園や庭園を造り、ベンチを設置しました。それは驚くぐらいの様変わりで、活動家たちは、そこに住む人々の心にも同じような効果が見られるだろうと期待していました。

ところが、彼らが追跡調査のために1年後に戻ってみると、街は〝救済〟される前とほぼ同じ状態になっていたのです。

活動家たちは、環境だけが意識の状態を創造するという不完全な想定のもとに動いていましたから、そこに住む人たちの状態を変化させませんでした。彼らは、等式の片側、意識も環境を創造するという面を無視していました。まさに精神が物質に勝ったのです。

ありがたいと思われていない環境はあっという間に壊れていきますが、人々が家やビジネスをありがたいと思い大事にしているところは安定しています。結果を生み出すのはメンテナンスや維持費だけではありません。心の状態も関係しているのです。

私はまだ働きはじめたばかりの若かりしころ、ジャガーを手に入れたいという夢の実現のため必死で働いていたときに、この原理を学びました。けちけちと節約し、お金を貯め、これだと思う車を徹底的に探し、やっと見つけて中古車ディーラーから車を運転して帰るときは、もう夢中でのぼせ上っていました。

ところが、私はその車の価値を本当にありがたいと思っていませんでした。自己顕示欲を満たす行為だったため、それを知らしめる試練がすぐにやってきました。

その車は中古車ディーラーから購入しましたから、完璧な状態とはいえませんでした。4年落ちの車で、購入する前にひどいダメージを受けていました。シートが壊れており、隣の街に着く前にリクライニングが倒れ、私は仰向けに倒された状態で高額の新しい車の天井を仰いでいたのです。座ることもできず、私は車から出て、ディーラーに車を押して戻りました。すると、パーツは保障に含まれておらず、おまけに修理代に700ドルもかかるということが判明しました。私はかなり動揺しました。

そして帰るとき、事務所のフロントに座っている70歳ぐらいのお婆さんの横を通り過ぎました。老眼鏡をかけ、古いタイプライターをたたいていた彼女はオーナーの祖母で、顔も上げずに高いしゃがれた声で私に言いました。

「子猫にはやさしくしておやりよ」

わたしは肩越しに彼女を見て歩きながら、いったい何なのかと思っていました。

数日後、私は車をピックアップし、家に運転して帰り、車庫に入れました。翌朝、バックで車を出すと真っ黒い煙が立ち上がりました。牽引車を呼び、ありがたみをまったく感じない車を中古車ディーラーに戻しました。その帰りにお婆さんの横を通ると、彼女はまた言ったのです。「子猫ちゃんをかわいがっておやりよ」と。

その後まもなく、今度はドアのゴムが取れて閉まらなくなったために再び舞い戻りました。まるで悪夢のように、こんなことが続き、結局900ドルも払う羽目になりました。私がはじめて心を奪われたものは、怨みの塊になりました。

最後に中古車ディーラーに出向いたとき、私は歯ぎしりしていました。そしてそのときも、小さなお婆さんが「子猫ちゃんにやさしくしておやりよ」と言うではありませんか。

私はうんざりしていたので、彼女のところへ歩み寄り、

「お婆さん、いったい子猫が何だと言うのですか。ここに僕が来るたびに、あなたは猫の話をする。猫がいなくなってしまったのですか。それともボケているのですか」

思わず言ってしまいました。すると、彼女は私に微笑みかけて言いました。

「いいえ。私はジャガー販売のビジネスに長年かかわっていますからね。よく承知のうえで言っているのですよ」

「そうですか。じゃあ、何を言おうとしているのですか」

「お若い方、シークレットをお教えしますよ。ジャガーはとっても繊細な子猫なのです。やさしくしてあげないと、噛んだり、引っかいて目をほじくり出したりするでしょう。言うことを聞いてもらいたかったら、その子のことをありがたいと思わなければいけません」

そのことばに、私は思わず立ち止まりました。車を運転するたびに次から次へと問題が起こりましたから、藁《わら》にもすがる思いでした。そうして、私は車に戻って言いました。

「さぁ、かわいい子猫ちゃん、今から仲良くしよう。何か必要なものがあるなら、僕に教えておくれ」と。

私は子猫のジャガーに話しかけながら、それは鉄の塊以上のものだということに気づき、ありがたみを感じはじめました。奇妙なことに、ありがたいと思うようになってから状態は激変しました。あの小さなお婆さんは正しかったのです。

相手が車でも人間でも富でも、心は偽りのない力を持ちます。その力は、統合も分解も、鍛

えることも壊すことも可能です。ただ感謝するという単純な行為によって、あなたはそれを選択するのです。

感謝の念があなたのお金を貯め、殖やし、まるで魔法のように人生を変化させることができるのです。次に紹介する話では、そのすべてが起こりました。

感謝の気持ちで障害を打破した二人のファイナンシャル・スペシャリスト

あなたの内なる聖なる魂は、この世に存在するための目的を持っています。あらゆることに秩序と目的をより多く見つけるほど、潜在的な神を発見し、あなたのありがたいという思いはふくらむことでしょう。

すべてのことはあなたの目的に結びつけられています。このことをあなたの存在の深いところで理解すると、人生をありがたいと思い、かつて最悪のものに見えていたことが、神の秩序の一部だということに気づきます。**あなたが深い感謝の念を感じるたびに扉が開き、あなたが意識を集中させている領域に富が飛び込んできます。敵と思っている人でさえ、愛と感謝に値しないものはありません。**

何年も前、私がまだカイロプラクターとして開業していたとき、大手証券会社から二人の男性が同僚の推薦を受けて私に会いに来ました。二人はファイナンシャル・プランナー兼資産形成スペシャリストで、会社の誰かに関する大きな問題を抱えていました。

入口のドアの表示を見て、「僕らは、カイロプラクターのところに金融問題の解決のために来たのだろうか」と言いました。そう、彼らは懐疑的だったといってもいいでしょう。

有能なファイナンシャル・スペシャリストは私の事務所を興味深げに見回していました。

「さて、何があなた方の懸念事項なのでしょうか。どのようにお役に立てますか」

そう私は尋ねました。

「そうですね、よくわからないのですが、あなたの経歴は？」

と一人が言いました。

「僕の料金は1時間500ドルですが、僕の経歴を聞きたいですか。それとも、問題について話しはじめたいのでしょうか」

「そうですね。私たちにとってかなり高額の価値がある金融チャンスがあるのですが、神経質な会計担当が取引を拒んでいます。彼は組織の幹部で、私たちの投資および資産形成案を承認しません」

「そうですか、他に問題は？」

私が言うと、「この男はこんな重大問題を解決できると思っているよ」と言わんばかりに二人は顔を見合わせて目を見開きました。そして、彼らはこう聞いてきました。

「それでは、何をすればいいのでしょうか」

「彼を愛してあげるのですよ」

と私が言うと、二人は笑い転げて椅子から落ちるところでした。

「それで、そのことばのために私たちはあなたに1時間500ドルお支払いするということですか」

「そうですとも」

私は、その時点で開発した画期的な方法を説明しました。そのプロセスは、人が自分に課している制限を打ち破り、人生の何に対しても愛と感謝を見出せるようにします。

私はホワイトボードに行き、その会計担当がやったことを聞き、箇条書きにしました。不満のリストは延々と続きました。

「彼はアホです。私たちの案に横槍を入れました。思考が浅い。ムカつくやつ。惨め、馬鹿、自己中心的で、権力に物を言わせ石橋を叩いてばかりいます」

二人はその男性のネガティブな面をすべて吐き出しました。彼らが進めたい取引はかなり大きいもので、怒り心頭の彼らは、殺し屋を呼んでその男を抹殺しようかと冗談を言うほどでした。

「わかりました。では、あなたたちをアホだと見なす人は誰ですか」と聞き、その後、リストにあげられた特性を彼らに当てはめ、何時間もかけて彼ら自身が他者の目からはアホに、取引に横槍を入れる人間に映っていることが見えるようにしました。その会計担当に投影していた特性を100%自分たちのものとして受けとめるまで徹底的に聞きつづけました。

うぬぼれが深い謙虚さに変化したところで、この男性の利点は何かと私は聞きました。

ちょっと注意を促してあげると、二人は40項目ほどの立派な性質を並べ、そして言いました。

「ふーむ。私たちは彼のことをちゃんと考えたことがありませんでしたね。この人の別の面を見逃していたように思います」

「そうです。単に見ていなかったということです。すべてのことには二面性があるのですが、あなたが心の目でしっかり見なければ、それは見えません。自分が正しと思いたいために、見なかったという経験はありますか。**正しくあることと愛することの選択を迫られたときは、いつでも愛を選んでください**」

二人と会話をはじめた時点ではまだ私は知らなかったのですが、2年前にこの男性は二人の目には〝破壊行為〟と映る取引の妨害をしたそうです。このエピソードを聞いたときに、彼らに聞いてみました。

「彼が〝破壊〟しなかったら、何が障害になっていたでしょうか」

「何の障害もなかったでしょうね。きっと取引を成立させていましたよ！」

「いいえ、障害を探してください。痛みのない喜びも、喜びのない痛みもありません！」

と私は主張しました。

彼らはやっと心底から謙虚になりました。一人が突然静かになり、パートナーを見て、

「たぶん今頃、刑務所にいただろうな。何てことだ。あなたの言う通りです！　オフショア

（タックス・ヘイブン）の信託物件や資産保護システムのチェックを忘れていたため、きっと国税庁が飛びついていたに違いない。実際には、この人がそれを未然に防いでくれたのだよ」

と言いました。おそらく、彼らは刑務所か法廷に送られていたでしょう。そして、脱税の罪に問われたクライアントから大きな訴訟を起こされたはずです。この時点で、彼らは違う視点からこの男性を見つめていました。そこで、私は二人に聞いてみました。

「あの取引を彼が〝破壊〟してくれたおかげで、計画当初の段階に戻って、新しいアイデアが生まれましたか」

二人は顔を見合わせてうなずきました。

「考えられる落とし穴や問題点は、今はうまくいっていますか。弁護士や国税庁を交えて、すべてが問題なく合法的だということを確かめましたか。では、これは今あなたたちにとってどのくらいの価値がありますか」

「おそらく数百万ドル」

「数百万ドルもの価値がある計画をつくり上げるのを助けてくれたことを、彼に感謝したことはありますか。それじゃあ、今この〝ムカつくやつ〟のことをどう思いますか。彼をあるがままに愛せない何かが、まだありますか」

彼らは首を横に振りました。この男性がどれだけ自分たちを助けてくれたのかがわかり、ことばも出ず、目を潤ませていました。そして、ようやく自分を取り戻し、口を開きました。

「僕らは取引の一部を彼に差し出すべきだ。彼はこの取引の利益の一部を受け取る権利を持っているよ」

「その通りだな。彼はその報いに値する」

たった数時間で、冗談にでも殺してやろうかと言っていた相手が、大儲けの一部を差し出すにふさわしい人間になったのです。二人のハートは開かれ、心は晴れ晴れしました。

大きな視点から全体像を見ることで、神の秩序と、それがどんなに二人の発展を助けたかを見て、疎《うと》ましく思っていた男性に心から感謝したのです。いったん憤りが感謝へと変化すると、二人が何も言わなくても、その男性は取引案を承認しました。

二人が私に会ったのは金曜日、取引が承認されたのは月曜日です。そして、その男性は利益の一部を欲しがることさえなかったそうです。

あなたにも、どんなときでも、どんなことでも心から感謝し、同じことをする魔法のような能力が備わっています。感謝の気持ちと愛が大きければ大きいほど、その効果はより深いものになるのです。

あなたが感謝の気持ちや愛を持って見つめないものはどれもあなたの重荷になり、経済的にあなたの足を引っ張ります。感謝は、あなたの周波数を引き上げ、感謝のなさは周波数を下げます。ありがたいと思う気持ちはあなたの精神を引き上げ、あなたを神や天国に交わるレベルへ連れて行くのです。内に輝きがあれば、外が輝きます。それがわかれば、あなたはそうした人生を生きていくことでしょう。

あなたを取り巻く天の仕組んだ完全性を見て感謝するとき、あなたは自分自身に輝く光との調和を与えます。また、それを受け取ることのできる周囲の人たちにその光を分け与え、自然にリードしはじめます。リーダーシップを発揮したり、ベストな自分をつくり出すためには、高次レベルの知的秩序を認め、感謝する意思が必要となります。それができる人たちは、物質に現れたものをはるかに超える偉大なる存在に通じます。

「もっと運勢がよくなるのが待ち遠しい」とか「昔はよかったな」と言う人がいますが、このような人たちは、無力という迷いの中を生きています。今、人生は輝いていないと考えることにより、常に自分のパワーを奪っているのです。今、人生は輝かしいということに目を向ければ、真実とパワーは現在にあります。

過去や未来にばかり自分を置いて生きることを身につけ、今という瞬間を感謝しないなら、明日も翌週も来年も、あなたは過去と未来を生きていることでしょう。そして、決して現在の人生を喜んで受け入れないかもしれません。

今日という日をありのまま愛し感謝すると、あなたが愛するものに変化させるパワーが与えられます。愛と感謝が真の人生を生み、それなしでは豊かさとインスピレーションに満ちた希望の人生はなく、失望の中を生きることになるでしょう。

エクササイズ❶

感謝はあなたの意識の周波数を引き上げ、感謝のなさは周波数を引き下げます。あなたが与えるものと受け取るものに感謝し損ねると、必ず可能性のエネルギーを低下させ、富を運ぶチャンネルをさえぎってしまいます。

憤りを感じていたり、ありがたいと思っていない状態でお金を支払うたびに、それがメッセージとなってこの世の中に回ります。今からは異なるメッセージを送りましょう。

請求書を受け取るたびに、あなたの価値を認めてくれたからこそお金を貸してくれたか、支払う前に商品かサービスかアイデアを与えてくれた人にありがとうと伝えてください。その人があなたを信頼し、ある意味投資してくれたのです。それに対する感謝の気持ちを表すように小切手を切ったり、振込み手続きをします。施されたサービスに報いるのは当然だということを覚えておきましょう。

しぶしぶ支払う代わりに、その支払いがあなたに何を施してくれたかを思い出し、ありがたいと思いながら、感謝の気持ちから支払ってください。すでに受け取ったものに支払いができることに感謝し、そして、そうすることであなたの豊かさがどのように変化するか見守っていてください。

あなたがお金とともにこの世に送り出す気持ちは、この世があなたに富を送り返すときの気持ちです。それは取った取られたではなく、めぐりめぐる流れになります。これは、物質現象を超越するお金の根本原理なのです。

エクササイズ❷

本章の二つ目の項目「自分の資産を整理し、評価する」をもう一度読んでください。その指示に従って自分のファイル・インデックスをつくり、自分が所有するもの、自分が借りているものすべてを詳細に整理してください。

資産と負債の全リストをつくり、あなたの財産状況をきれいに整理してください。覚えていない資産や気づいてなかった負債が見つかるかもしれませんが、まず現在地を把握することです。

あなたが本当に富を築こうと決意しているなら、このエクササイズをする時間をつくらなければなりません。これは富に関するあなたの価値と意志の固さを測るテストです。

知識はパワーになり、このエクササイズをすることにより、あなたの経済的な状態に関する明確な情報が得られます。まさに、富に関する情報の宝庫のスタートです。

第4章

自己価値こそが資産のすべて

From Self-Worth to Net Worth

知恵とパワーの金言④

＊私はお金を運用する天才であり、お金儲けの知恵を活用する。
＊賞賛と非難という幻想は、お金の運用方法をマスターする道を邪魔する。
＊私は愛することを行い、私は行うことを愛する。
＊私は神の完全性の一部であるから価値がある。
＊私にそれが見えるとき、私はそれになるだろう。

自分自身に価値があると信じこめ！

人生において、あなたは自己価値観に見合うものを受け取ることができます。そこで、この章では、どのようにあなたの価値のレベルを引き上げていくかを説明しましょう。

私は17歳だったとき、私の人生を変えた、あるパワフルな93歳の男性に出会いました。彼が私の運命のビジョンを引き出してくれたのです。それは、私の真の価値を高め、自分の可能性についての信念を変えてくれました。

その並外れたパワーを持つ男性は、人はビジョンとして思い描く自分になれるのだと教えてくれ、「私は天才である。自分の知恵を活かそう」という自分に対する宣言、アファメーションを与えてくれました。

当時の私はまさにサーファー小僧でしたが、彼を信じ、彼の導きに誠実に従いました。それから30年以上、そのアファメーションを口にしなかった日はありません。これは、私が今の地位や今の自分でいられる理由の一つなのです。

あなたが信じること、そしてあなたが自分自身に言うことは、あなたに起こることや、この先どんな人生を送るかに、とてつもないインパクトを持っています。あなたの運命の創造者はあなた自身です。自分をもっと大切に思い、もっと愛すると、あなたの人生はさらに素晴らしく、経済的にももっと恵まれることでしょう。

天才であるということは、知能指数が高いとか、大学の学位を持っているということではありません。これらは二次的な特性であり、成功や知恵を保証するものではありません。

このアファメーションが実際にどういう意味なのか、私は理解するまでに何年もかかりました。天才であるということは、あなたの魂、あなたの内なる存在の声に耳を傾け、啓示に従うという意味です。ただそれだけです。なぜなら、その声にこそ悟りがあるからです。

その声のメッセージの一つは、あなたは崇高なものに値するということです。あなたが、富に値しないと感じているなら、富を実現することはもちろん、富を維持することはさらに難しいと思うでしょう。

ところが、あなたは自分に本当に価値があるということを知っていて、この世の中が差し出す贈り物にふさわしい人として行動し、所有する価値があると思うなら、あなたを引きとめるものは何もありません。自己価値はパワフルな心とインスピレーションを感じる人生を手に入れる鍵です。あなたが自分はどんな人間であると思うかが、あなたがどんな人間になり、何を受け取るかを決定します。

新しい国に入国するとき、国境で所持品を申告します。あなたが進化するときに、人生でどんなことをやりたいかを申告することも同じように大事なことです。申告し、喜んで受け入れる分だけあなたは受け取るのです。

宇宙はあなたが自分に価値をつけるのを待っており、あなたが申告する以上も以下も与えないでしょう。あなたが自分の人生に価値を認めないなら、あなたが認めるまで、この世はあなたの価値を切り下げておくでしょう。それは天の計らいであり、あなたが自分の価値を見つけられるように教える仕組みなのです。

あなたがちゃんとできるまで、天はあなたの夢を否定し、お尻を叩いてくれます。**レベルを設定するのはあなたですから、あなたが自分の価値をもっと引き上げれば、あなたはもっと受け取ることができます。**

あなたが自分の価値を認めないなら、他の人が認めてくれると期待しないでください。自分の価値を認められる人が富を得て、そうではない人が貧しいままで終わるのです。とてもシンプルな法則で、純粋に自己価値の問題なのです。自分自身に価値があると考えられないなら、富を期待しないでください。

富を得るための正しい自己愛

15年ほど前、「自己価値とは？　人は生まれながらに天才である」という内容の講演の後で、ある女性が私のところにやってきて言いました。

「ドクター・ディマティーニ、あなたのスピーチは素晴らしかったわ。私は講演プロデューサーなのですが、ご興味があれば講演会をシリーズ化することができます」

私はその申し出を承諾しました。それから2週間後、彼女から電話があり、不動産協会の総会で、もっと成功したいと思わせるようなインスピレーションの湧く講演をしてほしいとの依頼を受けました。その後、時間と場所が指定され、コンベンション・ホールで講演開始時間の30分前に彼女に会うと、彼女は「私は天才だ」と壇上で繰り返し言わないでくださいと言うではありませんか。私は理由を尋ねました。

「だって聴衆はあなたがうぬぼれていると思うでしょう。私は、私たちの今後のビジネスについて大きなプランを立てています。そのためにも、あのフレーズはよくないわね」

と彼女は言いました。それを受けて、私は微笑みながら言いました。

「僕は彼らにインスピレーションを感じさせることをしますから、心配しないでください」

そして、壇上に上がり、私がいちばん最初にしたことは、「私は天才である。自分の知恵を活かそう」と部屋にいる全員に声を合わせて言わせたのです。視界の隅に入ってきた彼女は、手で顔をおおい、まるで「なんてことを言ってくれたの！　これですべて台なしよ」とばかりに首を振っていました。

その日の私はかなり熱がこもっていたようで、会場は総立ちで拍手喝采でした。ということは、半分の人たちが心を動かされ、残りの半分が仲間はずれになるのを恐れて立ち上がったということでしょう（覚えておいてください。賞賛にのぼせ上がるのも、否定に押しつぶされるのも賢明ではありません。なぜなら、賞賛も非難も単なる幻想です。自分は誰なのかということを心得ておいてください。外の声にあなたの内なる知恵の声をかき消させないでください)。

「まぁ、うまく切り抜けたわね。でも、もう二度とやらないようにしてね」

講演後に彼女は言いました。そこで、私は答えました。

「僕は、そのように真実を押さえ込むように働きたくありません」

知力のあるすべての人の内深くに、知恵のある天才がいるということは真実です。その女性が私のアファメーションを受け入れなかった主な理由は、彼女自身が自分の内なる天才を認めようとしなかったからです。

ところが、人は自分の中に素晴らしい面があるということを知っていますから、聴衆は喜びました。誰にでも、人から注目してもらいたいと思う部分があるのです。

天才だということを受け入れ、それをもとに行動すれば、あなたは天才で、あなたが自分を扱うようにこの世の中はあなたを扱います。その女性は、自分の天才性や不死の部分を受け入れる準備ができていないために、彼女が本心から関わりたいと思っている人たちと肩を並べるための影響力や能力を制限していました。

このような幻想を抱いているのは彼女だけではありません。それがわかったのは、何年か前に開催された作家兼出版者のルイーズ・ヘイの「ヒーリングのための心と身体の関係」についてのセミナーで、私が共演したときのことでした。

そこで行われたエクササイズの一つは、鏡の前に立ち、まっすぐに自分の目を見て、「私はあなたを愛しています。あなたは美しく、価値のある人です」と言うものでした。

これを何と多くの人ができなかったことか。私は驚いてしまいました。顔を赤らめ、口ごもり、泣き出す人さえいました。自分は愛するにふさわしい価値があるということを、自分に対して言えなかったのです。

もしあなたが自分は愛を与える価値がないと思っているなら、自分は富を得る価値があるとは信じられないでしょう。**奇妙に聞こえるかもしれませんが、多くの富を得るための鍵は、自分自身をたくさん愛し、十分に価値を認めることです。**

考えてみてください。あなたの内なる創造力が生命を授けようと思うほど愛したならば、誰が、何の資格があって、あなたには他の人と同じように富を手に入れる価値がないなどと言えるでしょうか。

ありのままの自分がいちばん富を引き寄せる

地球上のすべての人と同じように、あなたという存在の中にも、人間の特性のすべてが詰まっています。自分は人より優れている、頭がいい、スピリチュアルに目覚めている、お金がある、成功している、人脈があり友人がいる、子育てがうまい――と想像するたびに、あなたは幻想の世界に入ります。そして、人生の一つの側面にだけ意識を向け、他の面の対立する性質を無視しているのです。

人格を意味する〝ペルソナ〟ということばの語源は、ラテン語で〝マスク＝仮面〟という意味です。あなたが他の人を下に見て、自分を持ち上げるときは、いつでもひとりよがりのペルソナをつくりますが、それは真実の姿を覆う仮面に過ぎません。同じように他の人が自分より優れていると考えるときはいつでも、自分を不当評価した仮面をかぶるのです。この両方の仮面はあなたの想像力と才能を制限してしまいます。

ひとりよがりも自らを不当評価するのも真実のゆがみであり、このゆがみが大きいほど富に対する障害が大きくなります。

持っていないものを持っている振りをするか、持っているものを持っていない振りをしたことはありますか。どちらの振りをしたとしても、自然に反対側から真実の調整があなたに仕掛けられます。

私は医師たちの会合のはじまりのときに、このゲームを仕掛けるのが大好きです。私はこんなふうに質問をはじめます。

「さてみなさん、病院の業務は順調でしょうか」

「すごくいいよ！　最近、とても景気がいいですよ」

という答えが返ってくることがよくあります。木曜日の晩は、たいていそんな感じなのです。

金曜日になると業務は大きくなり、土曜日はさらにふくれ、日曜日には信じられないほど大成功という感じになります。その日曜日に、私はこう言うのです。

「それは素晴らしい。あなたこそ、この商品を買うか、この件に寄付してくれる、まさに私が求めていた人です」

すると、すぐさま彼らはこう答えます。

「そうですね、金曜日まではすごく順調にやっていました。ですが、思いがけない緊急事態で資金がちょうどありません」

彼らは反対側に翻《ひるがえ》るのです。ひとりよがりの富裕層から自らを不当評価する金欠へと……。どちらも真実ではなく、真の富を築く存在から自分を遠ざけます。ありのままの自分でいるとき、あなたは最も早い成長を遂げ、最も価値が上がるのです。

あなたはかなり成功している人とまったく同じ可能性を持っているのです。ただ、あなたがそれを信じ、受け入れていないだけなのです。

ところが、あなたが心でそれを受け入れた途端、身体にその真実を演じさせはじめます。演技を生業にする役者の世界には、長年の下積み生活を送らず、あっという間にスターダムにのし上がるというストーリーがたくさんあります。なぜでしょうか。彼らは自分自身を信じているからです。

最近、ニューヨークの過食症のファッション・モデルのコンサルティングをしました。私の目には、彼女はスリムで本当にゴージャスな女性に映るのに、本人が鏡をのぞくと、太っていて醜く見えるのです。彼女は外観的には見事な美を備えていたのですが、内面にある幻想がそれを見えないようにしていました。そのモデルは、自分の神聖な部分にまだ目覚めておらず、醜悪で価値がないと感じていたのです。

過食症の自分に罪悪感を抱いていましたから、それが彼女の人生をいかに助けたかについて私は彼女が経験したことを感謝できるまで50通りの方法を示しました。それから、彼女自身が抱えていた自己批判のいくつかのバランスを整えると、たちまち彼女はシフトしました。内面的に想像していた醜さを隠すために外観的に必死に美しくなろうとする代わりに、彼女は完全にリラックスし、内面から美しさを輝かせました。

その瞬間、彼女からモデルであることの不安感が消え、もともと抱いていた夢がよみがえりました。それは、世界中の女性たちの美と品格と自信を讃えることでした。

愚かなことに、自分が恥ずかしい、または劣っていると感じる部分を隠そうと、人は多くの時間を費やしますが、誰にでもそういう部分はあります。あなたの人生の中で人に知られたくない部分のすべてをリストアップし、全国ネットのテレビで放映しなければならないとしたら、それは恐ろしいことでしょう。

ところが、最も卑劣で不愉快なリストに1億ドルの賞金がもらえるということになれば、すぐにスイッチが切り替わり、最もさげすまれる人になろうと努力するかもしれません。おそらく、あなたの価値は支払われる額によってシフトするでしょう。

ポイントは、人目にさらしたくない信念や幻想をあなたも必ず抱いているということです。ことばをかえると、自分自身の内面にあることを評価し、誰に見られようと問題ないというところまでその価値を評価できれば、あなたは本当の自己愛を手に入れるでしょう。

自分自身を愛すると、人の意見に左右されません。自分を愛していないと、不思議なことに引き寄せられるように人がやってきてあなたを責めるでしょう。なぜなら、あなたがそうしているからです。あなたが自分についてどう感じているか、世界はそれをあなたに見せる鏡です。自己愛があれば、映し出されるものは少しも怖くありません。

利他的な人にはお金は寄りつかない

私が最初にカイロプラクターとして開業したとき、理想に燃え、利他的でした。純粋に人を癒すためにヒーリングをしたい、そう思っていました。

お金は物質主義的であり、重要ではない、自分はこの仕事を愛しているから、無償でもやりたい……。私の未熟な信念体系が、ヒーラーとして自分は無償で働くべきであると告げていたために、まさにその通りのことが起こったのです。

無償で与えたいという願望は、無償で受け取りたいと望むたくさんの人たちを引き寄せ、私は徐々に借金とストレスを殖やしてしまいました。私は、お金が払えない、お金を払いたくないという人たちを驚くほど勢いよく引き寄せたのです。

その人たちは、私が無償でサービスを与えるのが当然だと思っており、同じような友人を紹介してくれました。「あなたはヒーラーさんなのだから、お金を払おうが払えまいが、助けてくれるのでしょう」と言っているようでした。

多くの人たちは、無償のサービスを受けようとうんざりするほどの言い訳とお涙頂戴話を抱えて次から次へ医者を転々とします。まだ自己価値を確立していない開業したての医師を狙い、彼らが誤りに気づくまで診療代を踏み倒すのです。医師たちが「もう十分だ。診療代を払ってほしい」と言う瞬間に、彼らは次の医者を探しに行きます。

こうした患者はパラサイトでしょうか。いえ、教師なのです。医師たちに、自分の自己価値を引き上げるように教えているのです。このことを健康維持の専門家たちのセミナーで話すと、みんな自分も通ってきた道だとばかりに笑いはじめます。実はどの専門職でも、これと同じことが起こります。

私の場合、ヒーラーとして経済的な成功をするという願望に目覚めるまで、この状態が続きました。それは、私の反対の側面を押さえ込んでいましたが、初期のクライアントは私が真理に対して正直になるのを助けてくれました。

無償で何かを受け取ろうとすることも与えようとすることも、間違いなくあなたの純粋な価値を低下させます。「私はあなたよりも価値が劣ります。あなたが私のお金に関わるほうが私が関わるよりもいいことです」と言っていることになるのです。

お金とはとても従順なもので、価値のあるところへ向かいます。ですから、他の人が利用するほうが自分よりも価値があると思えば、お金はそちらへ流れるのです、

人を助けるという行為は、低い自己価値化を支持し、その人の品格を奪い、その人自身の夢を受け入れるための責任から遠ざけてしまうことになります。あなたがそういう人たちを救うのをやめると、彼らは目を覚まし、モチベーションを得ることでしょう。

人を救うことに、人はとても引かれがちです。「無償でこれをすれば、何らかの形で私は報われるだろう」と考える人はたくさんいますが、それは迷信です。何かを無償で与えようとするとき、あなたは〝たかりや〟を引き寄せます。

あなたが自分の価値を認め、自分のサービスに料金を課さない限り、あなたが愛するものを受け取れないでしょう。

「はい。私はお金のため、あるいは達成感を得るためにやっています」という意思を持ってください。そうして、そういう自分の一部を愛してください。

さもなければ、宇宙もあなたにそれを差し出してはくれないでしょう。それは、欲しいものを決して口にしない彼女に誕生日プレゼントするようなものです。彼女はちゃんと欲しいものがあるのですが、それを口にできずにいます。そして、あなたは彼女が望んでいない物をプレ

ゼントしてしまうのです。

あなたのサービスと引き換えに、本当に愛しているものを受け取ることを、自分自身とこの世の中に対して宣言できるかどうかが試されています。見返りを受けることに不安感も罪悪感も抱かないようになれば、見返りは現れはじめます。

料金を課す、または自分の価値を認めるようになるために、宇宙はあらゆることを仕掛けてきます。あなたはそれに気づいていましたか。「私にはこれだけの価値があります」とあなたに言わせようとしているのです。

なぜなら、あなたが心からやりたいと思っていることを宣言しない限り、この世の中の人たちはそれを尊重してはくれません。あなたが宣言した瞬間に取り入れることができるのです。あなたが心からやりたいこと、それをやることにより心から受け取りたいこと、あなたがそれを行う過程で心から一緒にいたいと思う人を宣言しない限り、宇宙は次から次へと試練を投げかけるでしょう。

宇宙はあなたの味方で、あなたに教えようとしています。あなたが学ぶために必要なことは何でもやってくれるでしょう。あなたが心から愛し、自分には手に入れる価値があると思うものは何でも手に入れられるという、深い深い真理に目覚めるように、人生のあらゆる場面で挑戦や試練を投げかけてくるでしょう。なぜ宇宙がそんなことをしてくれるのでしょうか。それは、あなたが愛されているからです。

宝くじを当てる方法

ある日、ダラス行きの飛行機に乗っていたとき、テキサスの宝くじで８００万ドルが当たった人に出会い、話をしました。

宝くじの賞金が手に入ると彼が最初にしたことは、母親、姉妹、いとこの家の購入でした。自分には大きな車を買い、残りを投資に回したそうです。今、彼は五つの会社オーナーで、８００万ドルは１０００万ドルになったということです。

「不思議なことに、自分はその宝くじに当たると確信していました。宝くじの番号が発表される前に、僕はもう家族向けの家を見に行っていたのですよ」

彼は言いました。その間ずっと一緒に過ごしており、そのときも横に座っていたフィアンセもうなずいていました。

面白いことに、宝くじを当てた人たちの多くが5年以内にすべてのお金を失い、それ以前よりもお金がなくなってしまうのです。なぜでしょうか。

それは、彼らがその富に自分がふさわしいと感じていないから富が離れていってしまうのです。私が話をしたこの男性は、確信を持ってお金を招き入れ、彼の自己価値がうまくお金を管理し、殖やしたのです。

思いがけず遺産相続で富を得る人もいます。しかし、富を遺産として譲り受けても、自分はそれにふさわしいと感じられない場合、おそらく手元には残らないでしょう。以前、500万ドルを相続した女性のコンサルティングをしましたが、彼女は自分の力で獲得したという感覚が得られず、お金は湯水のごとく口座から流れ出しました。

「あなたは何らかの形で、内面的に自分には価値があると思わなかったから、そのお金は引き寄せられませんでした。あなたがそのお金を獲得した理由を200書いてください」

私は彼女に告げました。すると、彼女は言いました。

「それは面白いアイデアだわ！」

そして、2週間で彼女はリストを書き上げました。勤勉、寛大、親切、人生への感謝、他者への心遣い、美の創造、富を夢見て求めたこと……。私は彼女の目に涙が浮かぶまでやめさせませんでした。「このお金は私のものですね。私は本当にそれに値します」と言えるまで。

その瞬間からお金の流出が止まり、彼女の財テク願望が目覚めました。彼女は自分で獲得したのだと実感し、浪費するのをやめました。

もしあなたが富を相続したなら、時間をかけて、どのようにそれを獲得したのか箇条書きにしてください。さもないと、無意識がどうせ自分にはその価値がなかったのだと信じてしまうでしょう。あなたがその富に値するならば受け取ることができます。受け取るならば、それはあなたのものだと承知してください。

自分のハートと行動を愛せ

もう一つの自己価値を育てる決定的要因は、自分の仕事や活動を愛するということです。**あなたが世界に対して有意義な貢献をしていると感じないならば、立派な報酬を受け取ってもよろしいと自分に許可しないでしょう。**より多くを受け取るための最善策は、より多くサービスすることです。

かつて、おもちゃのパッケージをデザインする、ニューヨークを拠点にする会社のオーナーに呼ばれたことがあります。彼はビジネスに対する思いを失っているように感じていました。自分の能力だけでは全体を把握できないほど会社が成長したため、道をそれ、もはや自分の原点のインスピレーションを満たしていないように感じ、どんどん気持ちが落ち込んでいたのです。

そのオーナーの夢は子供たちに感動を与え、彼らの人生に良い影響を与えることでした。ところが、会社が大きくなりすぎて、個人的に誰にも関われず、感動を与えていると思えなかったのです。会社が大きくなればなるほど、彼のハートは沈んでいきました。

私は、彼の会社から世界中に送られていく映画、アートワーク、文学作品のすべてに手を触れるようにと、シンプルなアドバイスをしました。

「出荷されるすべてのものが、あなたのハートの中にあるものに触れるようにしてください。あなたの心の眼の中に映る子供たちを見てください。そして、あなたが彼らに対して感じる愛を受け取らせてあげてください。あなたが関わっているという意識のないものを出荷させたりしないでください」

その一つの行動だけで、彼は突然つながりを取り戻し、閉ざしていたハートが開きました。会社の成長に対する無意識の拒絶感をストップさせ、再びビジネスにハートからの愛を込めた途端、さらに飛躍しました。

その会社はたくさんのプロジェクトや企業と取引をしてきましたが、このミーティングの直後に、20世紀フォックス、ディズニーなど大企業がクライアントになりました。彼のハートを開くと同時に、さらなる富とより大きな達成への扉が開いたのです。

自分を信頼すればするほど、他人が富を与えてくれる

自己価値は創造力と勇気を築きます。もし立派な自己価値を持っているなら、職を失うという心配は決してないでしょう。なぜなら、人は自己価値を持っている人を雇いたい、またそういう人のために働きたいと思うからです。

逆に、あなたの自己価値が低ければ、職を見つけるのは難しくなるでしょうし、人生がうま

くいっていない言い訳として他人を責めるようならば、あなたの自己価値はさらに低下するでしょう。あなたには言い訳か結果のどちらかしかなく、両者は両立しません。

もしあなたが自分の人生に責任を持ち、どのように達成すべきかについて上質の質問をすれば、あなたはチャンスを引き寄せる磁石になれます。人もお金も、エネルギーや熱意、確実性に否応なしに引き寄せられるのです。

私が最初にカイロプラクティックを開業したのは、ショッピングセンター内の80平方メートルの診療所でした。9カ月後、195平方メートルに拡張し、三人の医師を雇いました。その後、隣のブーツショップが倒産したため、一夜にしておよそ280平方メートルのスペースが使えるようになりました。その空間はセミナールームにはうってつけで、私はぜひ引越したいと思いました。

すぐリース会社に連絡しましたが、返事がなかったために、鍵屋を雇って中に入りました。カーペットを新しくし、ペンキを塗りなおし、演壇と講演用の机を取り付けました。特別のライティングを施し、椅子60脚を揃え、準備万端でした。事実上、押し入る形で入り込み、私は3万ドルほどつぎ込んで、ビジネスを拡張してしまいました。

そのショッピングセンターには映画館が10館ありました。夜7時～7時半の最大歩行者数も予測し、同時に〝ヘルス&ヒーリング勉強会〟を毎週開催し、スピーカーを駐車場に置いて露出度を最大にしました。

ビデオ会社を雇って講義を録画させましたが、それはライティングやカメラが人の目を集めるだろうという狙いがあったからです。「あそこは何をやっているの？」と思わせれば、注意を引くだろうという目論見からでした。そして、毎回講義の終わりに診察所を見せれば、みんな患者になるだろうと思いました。結果として、すぐに市内最大級のクリニックの一つになりましたが、私は、まだ一部しかリース契約を結んでいませんでした。

ある日、さらに改造して診療室を増やしているときに、リース契約の代理人がやってきて、信じられないという表情で辺りを見回し、いったいどういうことなのだとまくしたてました。それでも私は平然と工事を続行させたのです。すると、その代理人はすさまじい勢いで出て行き、その後しばらく音沙汰がありませんでした。

工事を終わらせて開業し、その後3週間ほどで私は急成長を遂げました。そんなある日、診療所から外に出たところで私は凍りつきました。

廊下に立っていた男性は圧倒的な迫力と支配力を持っており、私はすぐさま彼がどんな立場にいる人なのか、直感でわかりました。市全域にいくつものショッピングセンターを所有し、不動産開発を行う物件管理会社の創業者で、まさに四方に自己価値を放っていました。腕組みをし、無表情で立っていた彼が端から端までゆっくり見回している間、私は稲光に打たれたような恐怖を味わっていました。

男性は私を吟味するように見て言いました。

「君がドクター・ディマティーニかね」

「はい。その通りでございます」

「フィリップ・フリーマンだ。フリーマン管理会社の」

「フリーマンさん、お目にかかれて光栄です」

「ここになかなか素晴らしい場所をお持ちだね」

そう言うと、彼はただただうなずいていました。

「君は、若き日の私のようだ。どうだ、家賃を6カ月無料にしようではないか」

今、あなたに理解してもらいたいのは、私の行動がまったくの無謀なものだったというわけではないということです。

空いている物件はショッピングセンターにとって損害をもたらしていることを知っていたので、もし私がうまく機能させたら、管理会社も喜ぶだろうとふんでいました。また、その会社を介すると数カ月待たされることも、セミナールームの開設も却下されるだろうこともわかっていたために、リスク覚悟で速攻で実現させたのです。

私は喜んでリース契約を交わし、家賃も支払おうと思っていましたが、フィリップ・フリーマン氏は一切要求しませんでした。私たちは話しつづけ、彼から私の経歴やビジョン、ゴールについて質問されました。それから、彼はこう言ったのです。

「君は、私の全ショッピングセンターにフランチャイズを開きたいと思うかね」

「いいえ、たいへんありがたいのですがお断りします。僕はクリニックを一つだけ維持しようと思います。そして、今後は講師業や教える仕事に移行していきます」

私がそう答えると、彼のもとで働きたければ年収25万ドル出そうとさえ言ってくれたのです。それは私が当時稼いでいた額よりも大きかったので、一瞬よろめきました。が、自分のビジョンはそれよりもずっと大きいということを思い出し、誰かのもとで働き、そこで拘束されるのも義務を負うのもいやだと思いました。制限なく自分の意識を広げ夢を実現したかったのです。けれども、そのチャンスは市場における私の価値にいっそう大きな確実性を与えてくれましたから彼に感謝しました。

それから6カ月後、私は美しい高層ビルに引越すパワフルなビジョンを受け取りました。そこで、私のもとで働いていた医師には扱いきれなかった新しい業務をやめ、彼らに開業権利を売り渡し、私はフリーマン管理会社の本社を訪ねました。

「フィリップ、僕は高層ビルの事務所に引越すビジョンを見たので、あの場所を閉めます」

私は彼に言いました。彼は一瞬笑ってから答えました。

「君にはガッツがある！　わかった。問題ない。契約は終わりだ」

そう言うと、彼は契約書を破り捨てました。私は家賃として直接的な支払いはせず、かなり利益を上げましたが、管理会社は私の事業によりショッピングセンターにもたらされた利益と経済的リターンを受け取りました。フィリップは賢い人でしたから、受け取った利益をすべて見通していました。まさに真の企業家です。

高い自己価値は立派な報酬を獲得します。そして、リスク承知で懸けに出る自信があったために、私はリターンを受け取りました。

人生が楽であればいいと考える人たちもいますが、それは小さな人生の定義です。自分自身に挑むとき、大いなるパワーが生じます。**他の人たちがやろうとしないことをやろうとする意志があれば、またそれだけ自分を信頼し尊敬すれば、世界もあなたを尊敬します。**

脳ではなく、ハートに正直に生きろ

あなたの心の奥深くには内なる壮大な存在、あるいは魂があります。その素晴らしさを認め、取るに足りない、あるいは無価値だという振りをしないことです。

朝起きぬけに「神様、小さく考え、できるだけ所有せず、できるだけ行動せず、できるだけ小さい存在でいられますように」と願う人はいません。すべての人の内に、成長し大きくなりたいという思いがあります。尊さは運命づけられており、それは拒否できないことなのです。

免れ得ない運命を認めれば、それはあなたの目の前で展開されることでしょう。実は、ただ生きているだけで、あなたはもう勝利者なのです。生命をかけた最初のレースで2000万の精子の戦いを勝ち抜いたチャンピオンです。それだけであなたはすでに天の功績の現れですから、それを認めて最大限に生きましょう。無価値や不完全だという幻想にエネルギーや時間を消耗させるのではなく、あなたには生命が差し出す壮大な価値があるということをしっかり理解してください。

神から与えられた完全性を知覚するためには、知識よりもハートのほうがパワーを発揮します。ですから、**頭の下す自己批判ではなく、ハートの示す自己愛に耳を傾けてください。**私が毎日出会う何と多くの人たちが、「私は完璧ではないし、ただの人間です」と言うことに驚かされます。完全性を手に入れることはできないという幻想を受け入れてしまっているのです。すでに完全だということを認識するように教えられていないのです。

今こそ、完全性に目覚めるタイミングです。自分のことを批判し過小評価するよりも、賢い質問をしましょう。完全性はどこにでもあり、あなたを含むあらゆるものの中にあります。ですから、何をしようと、何をしなかろうと、あなたは壮大な天の一部であり、愛に値するのです。

何があろうと、あなたは神の完全性の一部です。愛の中で創造され、この世の差し出すすべてのものの一部を受け取る価値があります。その叡智《えいち》に目覚めるとき、果てしない創造のエネルギーにアクセスします。あなたには、立派な富を含むハートが望むものを手に入れる価値があり、心から自分の価値を感じられる瞬間に、人生に魔法が起こったかのようにそれが現れます。

神が愛であるならば、愛は神のようなものです。自分の夢を生きるために神様のパワーが欲しいならば、自分を愛してください。その他のすべてのことは後からついてくるでしょう。

エクササイズ❶

自分自身の価値を過小評価または過大評価し、真実の価値をごまかしたら、あなたはフェアな交換を保つ状態で機能しません。その代わりに、意識が不確かになり曇ってしまうでしょう。

「自分にどれだけの価値があるかなんてわからない」と言う人がよくいますが、本当は誰もが内面ではわかっているのです。あなたの真実の内的価値に目覚めるとき、あなたはマスターの域に達し、このエクササイズはそれが何であるかを見つける助けとなるでしょう。

鏡を前に一人でやっても、友人と一緒にやってもいいでしょう。自問するか、友人に聞いてもらってください。

「あなたの時間はどれくらいの価値がありますか」「時給だと1時間5ドルの価値ですか」と、馬鹿らしいぐらい低い数字からはじめます。もし答えが「いいえ、私はそれよりずっと価値があります」ということであれば、今度は馬鹿げているぐらい高くしてください。「では、1時間に5000ドルぐらいですか」「いや、まだそこまではありません」という答えなら、低い額を高め、次に高い額を低くし、これこそ自分の時間の価値だと確実に思えるまで交互に数字を確認していきます。あるいは、あなたが共鳴できる経済レベルが見つかるまで低い額を上げつづけてもいいでしょう。そこに達すれば、あなたは自分でわかるでしょう。

ある企業で働く若い女性が私のところに来て言いました。

「私は自分を市場のトップに置きたいと思うのですが、そのレベルの料金がどのくらいなのかわかりません。1日企業研修の料金を高くもなく安くもなく、どのくらいに設定するのか、どのように決めたらいいのでしょうか」

そこで私は、次のように彼女に質問を重ねていきました。

「それは１ドルですか」「もちろん違います」「100ドルですか」「冗談じゃないわ」「では500ドルですか」「私が決めるしかないということでしょうか」「いいえ、ただどうなるか見ていてください。1000ドルですか」「いいえ」「2000ドルですか」「違います」「4000ドルですか」「いいえ」「5000ドルですか」「うーん、いいえ」「6000ドルですか」「高すぎます」「では、5500ドルですか」「はい。実際には5600ドルあたりがちょうどいい感じがします。ありがとうございました」

彼女にはわかっていました。そして、あなたにもわかっています。あなたのハートがすでに知っている通りに価格を設定してください。その価値以上にすると、自分はそれにふさわしくないと感じてしまうでしょう。もしそれ以下にすると、自分はもっと価値があると感じてしまいます。

あなたが請求している時間とは、あなたの人生そのものですから、本当の質問は「あなたの人生はどれくらいの価値があると感じていますか」ということになります。あなたのハートが共鳴する価値を見つけたらそれに従い、あなたと一緒にそれが成長していくのを見守ってください。

エクササイズ❷

富をつくり出す心のパワーをあなどってはいけません。それに意識を集中させれば、富は実現可能なのです。

何年も前、チャールス・フィルモアという男性が『繁栄』という本を書きました。その本には空白の小切手のコピーがはさまれており、読者に「あなたが人生で実現したいと願う額と日付を書いてください」と指示しました。そして、それを聖書の中に入れておくようにと勧めていました。

失うものは何もなく、大きな報酬を獲得できるかもしれないと考え、私は試してみました。小切手に100万ドルが2年後に自分に支払われると書きましたが、何も起こりませんでした。実際には4年かかったのです！　映画業界に携わるクライアントがいますが、彼女の話によると、ジム・キャリーは1000万ドルと書いた自分宛の小切手を何年も持ち歩いていたとのことです。はじめての主演大作で彼には1000万ドルが支払われました。

これは現実の話です。あなたが心から手に入れたいと願う額と、それを手に入れたい日付を記した小切手を自分宛に書いてください。そして、財布か、あなたにとって意味のある場所に入れておいてください。ただし、必ずあなたの真の価値とその額が共鳴するようにしてください。

その金額と自分を関連させてみることは、この世でその報酬を実現するための第一ステップです。それが見えるなら、あなたはそうなれます。

第5章

確実に貯蓄を殖やす魔法のステップ

The Spiritual Laws of Saving

知恵とパワーの金言⑤

＊何があろうと、私は最初に自分に支払う。

＊私には価値があるから、一番美味しいところをいただく。

＊私の強制的な貯蓄プランは、不滅の精神的富を肥やす。

＊私はお金の主人《マスター》で、お金は私のために働く。

＊私はお金を賢く管理するので、管理できるお金をもっと引き寄せる。

＊私はマネー・マグネットで、意外なところからもお金は私のところに流れてくる。

〝持つ者〟になるために

心の奥にある自分の価値について、そしてその内面からいかにして外の富を引き寄せるかについて見てきましたから、この章からは方程式の反対側に目を向けましょう。外面から内に向かって、どのように幸運をもたらせるかです。すなわち、富を築くためのシンプルな段階を重ねていくプログラムです。

実践する心構えさえできれば、あなたのお金の運用力は今可能だと思っているレベルをはるかに超えて高まるでしょう。

もちろん、富に価値があることを認めたうえで、ある程度我慢することも必要ですが、人生においてこうなれたかもしれないという後悔の痛みのほうが、我慢の苦労より桁外れに耐え難いものです。

「この中で何人ぐらいが、何年も働きつづけてお金を稼いできましたか」と世界中のセミナーで質問しますが、ほぼすべての人の手があがります。そして、次に「稼いだうちのほんの少しだけ貯蓄したか、まったく貯蓄しなかった人は何人ぐらいですか」と質問しますが、ここでも、ほとんどの人の手があがります。

一般的にアメリカ人は豊かに見られていますが、収入のたった1〜3％しか貯蓄しないというのが典型的なケースです。これは、世界の他の国々とは違います。定年後のアメリカ国民の約93％は社会保障に頼り、その支給額の月平均は１２００ドルほどです。社会保障で生き延びているおよそ70％の人たちは、子供からの仕送りに頼り、居住空間や食事の提供を受けています。ということは、約7割の人たちが援助なしでは生活できないということです。

１９９０年代後半、ある全国版の新聞がリポートしたことですが、平均的なアメリカ人は退職時に32万ドル相当を所有し、そのうちの17万ドルは家に投資されており、家を売却しても民間老人ホームに入居可能なほどの収益が得られないために売れずにいるということでした。貯蓄15万ドルの利息収入はおよそ月１２００ドル〔訳者注：アメリカでの利率による〕で、それに社会保障が加算されると、毎月２４００ドルになります。

これが生活費になりますが、いったいどのくらいの人たちがそのようなライフスタイルを心待ちにしていますか、と私のセミナーに参加する人たちに聞いてみます。すると、手をあげる人はいません。

ほとんどの人たちは申し分のない生活をするための貯蓄をしていないというのが真実です。すべてはどうにかうまくいくだろうと高をくくっています。今のペースで貯蓄をつづけた場合、退職後経済的に自立できるでしょうか。おそらく、無理でしょう。ですから、あなたのお金の運用の不備をどのように修正すべきかチェックし、今すぐにはじめましょう。

すでに学んだように、あなたの資産を管理している場所を整理して秩序をもたらすことは富を築く助けになります。実際、秩序そのものがあなたにお金を引き寄せる力の一部なのです。秩序がなければ財政は破綻《はたん》します。そして、秩序には意識的な意図と努力が必要になります。

ベッドに寝たままで、髪も爪も伸び放題、歯も汚れたままにしておくのに何の努力もいらないと思いますよね。朝起きて、身なりを整え、毎日、世間を渡って行くには努力がいります。同じように、**貧しいままでいるのに努力はいりませんが、お金を殖やし経済的に自立するためには計画性とやる気を持って努力することが必要なのです。**

将来、あなたがお金をもらうために働きつづけても、豊かな生活にならない可能性を残すか、あるいはお金をあなたのために働かせ、より早く殖やしていくか……。ここが〝持つ者〟と〝持たざる者〟の大きな分かれ目です。一生お金のために働く人たちか、お金を働かせることを学んだ人たちか。

あなたがお金の主人《マスター》にならなければ、あなたはお金の奴隷になる可能性があります。お金は使用人としては優秀ですが、主人としては厳しいのです。

さて、それではシークレットは何でしょうか。

貯蓄はパワフルな富の源泉

コンピュータが世界に貢献しているにもかかわらず、あまり認識されていないことの一つは、閉じようとするたびに画面に出てくる提案です。それは「保存しますか」です。一生懸命やった仕事を保存し忘れ、消えてしまったことはありませんか。

同じようなことがあなたのお金にも起こり得るのです。収入の一部を別枠にする習慣をつくらない場合、人生の最後で50年間の労役を示すものがほとんどないか、まったくなくなっているかもしれません。

堅実に貯蓄しないと、望ましいライフスタイルを維持できない一人になることでしょう。そうならないためにも、**貯蓄はとてもパワフルな富の源泉です。蓄積されたお金は磁石のような役割を果たします。持てば持つほど、より多くのお金を引き寄せるのです。**

では、固定給で働いていて、さまざまな請求にお金のほとんどが消えている場合、どのようにお金を引き寄せることができるでしょうか。なかには副業によって最初の〝引き寄せ資金〟をつくろうとする人もいますが、それでも十分な富は達成できないようです。

貯蓄せずに身分不相応な生活をするか、またはやる気の湧かない残業からくるストレスや疲労により散財してしまいます。よりよい生活を目指して死ぬほど働きながら、ジレンマに陥り、ハートが傷つけられます。

生産的な働きには価値がありますが、ただ一生懸命働くだけでは解決策になりません。賢く働く必要があります。

賢く働き、貯蓄するために、お金についての幻想を解消しておく必要があります。よくあるのは、「お金は限られている」という思い違いです。無尽蔵に変容可能な資源のある宇宙はまさに無限ですから、あなたのお金の運用の可能性もまた無制限なのです。滅びることのないあなたの自己や魂はこのことを知っていますが、いつか死ぬ運命にある自己は、制限や有限という観点で物事を考えます。

「ほら、私には一定の所得があるだけで、生活費はすべてそこから支払わなければなりません。お金を貯めようとしたら、支払いに回すお金が十分ではなくなります」

と死ぬ運命の自己は言います。

つまり、〝こちらかそちら〟という信念体系で考えていますが、真実はそうではありません。一方、あなたの不滅の自己には、もっと勇気と自制心と知恵があります。不滅の自己は物質を超越するパワフルなシークレットを知っているのです。

まず自分自身に支払い、貯蓄すれば、あなたはもっとお金を引き寄せるでしょう。1カ月いくら稼ごうとも、1000ドルでも1万ドルでも10万ドルでも、一部を必ず貯蓄に回してください。まず貯蓄することで、必要な経費を支払うお金を魔法のように引き寄せるのです。

この原理を多くの人に紹介してきましたが、後になってこんな感想を聞きました。

「あなたの貯蓄プログラムを試しましたが、実に不思議です！　私にはまかなえないはずなのに、最初に貯蓄すると、どういうわけか月末に請求書が来てもそれを支払うお金がちゃんとあるのです。いったい、何が起きているのでしょうか」

この原理をすぐに理解する人もいれば、時間がかかる人もいます。なぜなら、合理的な思考がそんなはずがないと主張するからです。しかし、この原理を継続する人たちはやがて信じるようになります。

富裕層は美味しいところを最初に取る――清貧コンプレックスの克服

なぜうまくいくのでしょうか。おそらく世界が鏡のように働き、その人のセルフ・イメージを反映しているからでしょう。あるいは、意識や自己価値は成長するという意図が働いているからかもしれません。この世が、その意図に沿って生きている人に対し、経済的な報酬を与え、その意図を達成できるように助けるのでしょう。

もしかしたら、この世は、まず自分に支払いなさいと教えることにより、精神的および物質的な富を人に授けるのかもしれません。あるいは、自分の優先順位に正直に行動する見返りを与えているだけなのかもしれません。

優先順位は重要です。賢くお金を使うとは、優先順位に従ってお金を使うという意味です。その時点であなたが心からいちばん重要であると感じるもの、または支払わなければあなたに最も不利になるものをベースに優先順位がつくられます。

あなたのクレジットカードのキャッシングの利率が18％で、医療費には利息が取られない場合、どちらを先に払うでしょうか。もちろんペナルティを課すものへ先に払います。**しかし、あなたが支払うすべてのものの中で、未払いになっていると最も高いペナルティをもたらすのは、究極的にはあなた自身、つまり〝自分〟なのです。**

世の中に提供したサービスに関して自分へ報酬を支払わなければ、やがてあなた自身もあなたのビジネスも衰えていくでしょう。それは、あなたが自分や夢を愛し尊重することを学んでいない証拠です。支払い先優先順位のトップにいるのはあなた自身です。

貧乏になった人たちは最後まで自分には支払いません。まずほかの人たちへの支払いをすませて、自分は後回しです。

一方、富裕層は美味しいところを自分で最初に取っていきます。自分たちに最初に支払い、他のものは優先順位に従わせるのです。「他のものが私よりも価値があります」ではなく、「私は他のものよりも価値があります」なのです。

世界はあなたを映し出す鏡ですから、あなたが心から自分に投資しようとするまで、他の人に投資してもらえると思わないでください。あなたが自分の重要さを認め、投資すると、それと同程度に世界があなたに同じことをしてくれるのです。

収入の１％しか自分に投資しなければ、世界もその程度しかあなたに投資しません。10％なら10％なのです。「口先だけではなく、本当に何らかの価値があるように実行しているじゃないか」と世界が思えば、それに報い、あなたを尊重してくれます。

自分には価値があると言いながら自分への支払いを後回しにしていたら、自らが信じていないことを言っていることになります。有言不実行では、何も起こりません。

あなたが人生やビジネスに引き寄せてくる人たちは、あなたのあなたに対する支払い方に釣り合う支払い方をする人たちです。自分の支払いを後回しにするなら、あなたが引き寄せてくる人たちはあなたを支払い先優先順位の最後尾に置き、余分なお金があるときにだけ支払いをするでしょう。あなたが自分に最初に支払いはじめた瞬間に、他の人があなたに支払う料金や額は上がります。そして、それまで考えてもみなかったお金が現れはじめるでしょう。それは、実に驚くべきことです。

このシークレットは、信じるにはあまりに単純すぎるし、はじめるのが難しすぎるように思えるために、ほとんどの人たちはそのパワーの威力に気づかないでしょう。そして、そういう人たちは十分に持っていないという不安感に支配されているのです。

それは欠乏感や制限が根底にある〝清貧コンプレックス〟の心のあり方で、結局、さらなる貧しさをつくり出します。もしあなたにその不安を超えて一歩踏み出す心構えができているなら、どうすればいいのかを見ていきましょう。

あなたの人生を変える「不滅口座」

「不滅口座」とは何でしょうか？

それはあなたが他の支払いをする前に最初に自分に支払う貯蓄を殖やしていくために開設する口座です。

では、なぜ不滅なのでしょうか。なぜなら、あなたは二つの部分で構成されているからです。死ぬ運命の身体と不滅（不死）の魂です。あなたのいつか死ぬ運命にある身体は感情や不安や疑いに支配され、制限のある時間枠の中で生きています。生存するために、つまり時間を埋めていくためには何をやらなければならないかを教えます。そして、あなたにインスピレーションを与える魂は不滅で死ぬことはありませんから、生存のことは気にかけず、あなたが愛することをやるように呼びかけます。

不滅口座の目的は、魂の呼びかけに応えて生きられるように、あなたを自由にすることです。そして、**生きのびるための労働報酬よりも、利息や投資からの収入を多くするためのものです。**

その時点に達すると、あなたの人生はすっかり変化することでしょう。それは、自分の人生に確信を持つ日です。やらなければならないと感じるから仕事をするのではなく、あなたが愛することだけをやると選択するときです。その自由とともに毎朝目覚めることができれば、あなたは裕福であるだけでなく、この世にいながらちょっとした天国の気分を味わっているようになるでしょう。

不滅口座のパワーは、決断をし、それをやり通す能力の要になります。いったんお金が口座に入ったら、それは少なくとも短期的にはもはやあなたが使えるお金ではありません。その瞬間から、お金はあなたの不滅の魂のものになり、さらなる富のために捧げられます。月末の支払いや休暇、突然の慶弔費のために使うものではありません。そのお金が存在するのは、あなたの自由と魂の目的のための投資を増やすためだけです。

あなたの不滅口座を設立するために、以下のステップに従ってはじめてください。

◉――ステップ①

〔訳者注：ドクター・ディマティーニは「国により、また時期により以下に出てくる利率は変動します。しかし、最低または最高で永久に継続することはありませんし、金融市場の変動にはサイクルがあります。そのサイクルを受け入れてください。長期的視野で見ると、今最低の金利であっても今後高めの金利に恵まれるときがくるでしょう」と言っています〕

1カ月の収入を計算し、今、毎月の収入からその10％貯蓄すると肚を決めてください。すなわち、請求に対する支払いや何かを買うためのお金を引き出す前に取り出すということです。これは、あなたのお金の運用の最優先事項ですから誠心誠意守ってください。

決心し、自分自身に約束したら、銀行や証券会社などでお金の運用のための口座を設立してください。これがあなたの不滅口座です。この口座は安全な2～6％の利息がつきインフレに対抗し殖えつづけるでしょう〔訳者注：利息が現在1％を下回るようであれば、預金以外の

不滅口座をつくるステップ①――自動引落の貯蓄

収入の額面が50万円の人の場合

収入の10％にあたる**5万円**を毎月必ず貯蓄すると肚を決める。

↓

不滅口座を開設！

銀行や証券会社でのお金の運用用の口座。利息1％以上が望ましい。

↓

5万円が給与振込口座から
不滅口座に振り込まれるように設定する。

ローリスクでも利率が比較的良い方法を一時的に選んでもいいでしょう。ここでのポイントは、元本割れの危険性の低い安全な貯蓄をすることです」。

次に、財形制度や会社の社内預金を利用するか、自動積み立てにより毎月の収入の10％が給与振込口座から不滅口座に自動的に振り込まれるように設定してください。

自分で引き出し振り込むと、魔がさすこともあり、初志に徹する確率が60％にまで低下してしまう可能性があります。誰もが富を築く素晴らしいアイデアだと思い、しばらくはワクワクしながら毎月振込みを欠かしません。ところが、何らかの経済的困窮状態に陥ると、不安になり、振込みを先延ばしにし、自制心が崩れます。自動口座振替を設定すれば、貯蓄は確実に行われます。口座振替により、振込みの可能性は１００％になり、常時貯蓄し、自分自身に投資することになるでしょう。

保険会社はこのことをよく理解し、利用しています。ですから、自動引落を要求するわけです。彼らは月ごとに振り込む人たちの40％が途中でやめてしまうことを長年の経験で学びました。反対に、自動口座振替の人たちは契約通り継続するのです。

10％の預貯金は望ましいスタートですが、無理だと思える場合は、あなたが実行できると感じられる額からはじめて、徐々に増やしていってください。

いくら稼ぐかではなく、いくら貯蓄するかが大事なのですから、額そのものよりも貯蓄の習慣が大事です。

なかには１カ月８ドルからはじめて、37ドルまで殖やしたという人もいます。彼はやるべきことを学んだわけですから、「お金の余裕ができたらはじめるよ」と言いながらまったく習慣化していない人たちよりも豊かになるでしょう。

貯蓄をはじめることで余裕を手に入れられるのですが、ほとんどの人たちはその逆をやろうとするのです。以前、私のところで働いていた女性に月１２００ドルしか支払っていませんでした。ところが、彼女はそのうちの４００ドル（収入の３分の１）を貯めるようになりました。その一方で、年間６００万ドル稼ぐのに、年度の終わりに20万ドルの借金が残る男性もいるのです。この男性は大金を稼ぐのにまったく貯蓄せず、女性はずっと少ない稼ぎなのにたくさん貯蓄しました。

両者の違いは何でしょうか。彼はお金を貯蓄することに価値を置かなかったために、管理の方法がわからなかったのです。

富を築くテクニックの効果を最大化するために、一定のパーセントか最低金額のどちらか多い額を貯蓄すると決めてください。たとえば、1000ドルか月収の10％を貯蓄しようと最初に決心してください。もし、10％が1500ドルなら、1500ドルを貯蓄してください。

このように、決められた日に、10％か一定額のいずれかが自動的に口座振替になるようにします。これがいちばん確実な方法です。架空の請求書に対する支払いだと考えて実行すると、その途端にそれを埋めるための新しいお金が入ってくることでしょう。

お金は恋愛関係みたいなものです。大切に扱わなかったり、将来どうするかを決心しなければ、大したことは起こりません。

ただし、お金に対する新しいアプローチをマスターするには時間がかかります。私の生徒の一人が最近会いに来てこう言いました。

「ドクター・ディマティーニ、3年前に貯蓄プログラムについて話してくださったとき、僕は無視しました。使うお金を減らすことに精一杯で、どうやってもっとお金を貯められるかがわかりませんでした。それから1年ほど僕の経済状態はまったく向上しませんでした。

そこで、自分のやっていることがうまくいっていないのだから、ちょっとトライしてみてもいいかなと思いました。3カ月貯蓄して、休暇のチャンスが訪れたので貯めたお金を使いました。それも僕のお金なのだからいいではないかと考えたのですが、せっかく築き上げたものを消し去ることにちょっと落ち込みました。

その後、決意を固くして6カ月間貯蓄しました。どんな贅沢にも惑わされず、お金が殖えるのを見ることがやる気を高めました。けれども、住宅ローンや保険料、車のローンが積もり積もって一気に押し寄せたので不安になりました。原理はわかっていましたが、とにかく不安になり、再び預金を使ってしまったのです。

また、ゼロに逆戻りです。せっかくの努力が水の泡だと感じました。そして、今回は本当に落ち込みました。そのとき、魂の富をいつか死ぬ自己のために使ってしまったと感じ、僕はもっと価値のある決意を固め、何が起ころうと貯蓄すると肚を決めました。

それが18カ月前のことで、それ以来僕は預金に手をつけていません。もう苦労でも、やらねばならない義務でもなくなりました。たいていのものを買うことよりも貯蓄を殖やすことに達成感があります。

すでに以前の3倍のお金が貯まりましたが、どこから入ってきたのかはわかりません。使いたいという誘惑に駆られるのですが、使わないでいると支払いをカバーするためのお金がどうにかなるのです。実に奇妙なのですが、うまくいっています。生まれてはじめて、僕は豊かになるだろうと信じています。ありがとうございます」

こうした過程は、貯蓄術をマスターしようとする人が通る道そのものです。貯蓄しようと決心すると、たいていは3回ほどテストされます。請求書の支払いや贅沢に誘惑されるでしょうから、あなた自身がテストされることになるでしょう。

妻か夫が、突然お金を使いまくろうとするかもしれませんし、あなたのビジネスが一時的に落ち込むかもしれません。それはまるであなたの決意が本物かどうか、この世が確認のテストをしているかのようです。

これは最低6カ月から9カ月実施してください。そうすれば貯蓄が習慣になるでしょう。そして、できないと思っていたのにできるということに気づくでしょう。

新しい車を買う、もっといいマンションの賃貸契約をする、住宅ローンを組むなどのとき、おそらく継続的な支払いに絶対の確信を持って契約するわけではないでしょう。需要があるから供給が生まれるわけですから、貯蓄することにより資産運用の需要を自分で生み出してください。そして、想像もしていなかったところからお金が引き寄せられてくるのを観察してください。

貯蓄し損ねた場合、あなたは学びを受け取り、貯蓄しつづければ、さらにモチベーションとなる見返りを受け取るでしょう。どちらにしてもあなたは成長し、無駄になることは何もありません。違いは、どのくらい長くかかるかということだけです。学ぶための時間はたくさんあります。

◉──ステップ②

ステップ①で貯蓄プログラムを確立したら、もう一つ多元的に倍増させる方法があります。ステップ①よりも簡単です。

3カ月ごとにパーセントや最低金額を10％増やしてみて、どうなるか観察してください〔訳者注：最低でも1％以上、10％までをお勧めします〕。毎月1000ドルの場合は、3カ月後に1100ドルになるよう金融機関に指示するのです。また3カ月たったら10％増やしますから1210ドル、そして1年後には、1464ドルになります。それが、1610ドル、1772ドル、1949ドル、2144ドル、2358ドルと上がりつづけると、加速しはじめます。自分でも驚くことでしょう。

スタートが1000ドルでも100ドルでも10ドルでも、同じ原理を適用します。あなたの富はそれに比例して殖え、差し引かれる額の増加は気にならなくなるでしょう。

ある調査によると、人は金銭の変動の10％までは抵抗感なく扱うことができ（これはあなたに備わった心理的適応性です）、3カ月は人が新しいレベルの目標に適応するのに適当な時間だということです。

自分自身を新しいレベルや達成目標に向けて成長させ追い立てることは、成功のために重要です。

もしあなたが成長していないなら、行き詰まっているか後退しているように感じるのではな

不滅口座をつくるステップ②――3カ月ごとの加速

3カ月ごとに預金を10%増やす。

収入の額面が50万円の人が
2年間貯蓄した場合

3カ月ごとに預金額を10%増やしていく

	月ごとの貯蓄額	貯蓄額計（利息は含まず）
1カ月目	¥50,000	¥50,000
2カ月目	¥50,000	¥100,000
3カ月目	¥50,000	¥150,000
4カ月目	¥55,000	¥205,000
5カ月目	¥55,000	¥260,000
6カ月目	¥55,000	¥315,000
7カ月目	¥60,500	¥375,500
8カ月目	¥60,500	¥436,000
9カ月目	¥60,500	¥496,500
10カ月目	¥66,550	¥563,050
11カ月目	¥66,550	¥629,600
12カ月目	¥66,550	¥696,150
13カ月目	¥73,205	¥769,355
14カ月目	¥73,205	¥842,560
15カ月目	¥73,205	¥915,765
16カ月目	¥80,526	¥996,291
17カ月目	¥80,526	¥1,076,817
18カ月目	¥80,526	¥1,157,343
19カ月目	¥88,579	¥1,245,921
20カ月目	¥88,579	¥1,334,500
21カ月目	¥88,579	¥1,423,079
22カ月目	¥97,437	¥1,520,516
23カ月目	¥97,437	¥1,617,953
24カ月目	¥97,437	¥1,715,390

いでしょうか。同じ原理が富にも適応されるのです。

心理的には、あなたは3カ月ほどで新しいレベルに適応します。それが自然な状態になり、心地よいゾーンからさらに高いゾーンへ自分を追い立てたくなります。

3カ月に一度10％だけ額を引き上げることで、2年後には貯蓄額が2倍になるでしょう。1000ドルからはじめると、2000ドル、そのまた2年後に4000ドル、次は8000ドル、8年後には1万6000ドルを毎月貯蓄することになるでしょう。

固定給でそんなことをどうやっていくのかと、考えているでしょう。答えは、おそらく、それまでにあなたはもう固定給では働いていないでしょう。このプログラムを実践する人たちで、2、3年後に会社勤めをしている人はめったにいません。彼らは、自発的に新しいチャンスを引き寄せ、以前よりもお金を稼ぐ企業家になります。

固定収入は固定思考に通じるため、固定的なライフスタイルに導きますが、この単純なプログラムがその三つを自由に解放します。私はこれを〝加速貯蓄強制テクニック〟と呼んでいますが、富を加速的に殖やす効果があります。

自動引落のため、感情に引きずられてお金が振り込めないということはありません。また、3カ月ごとに10％アップしますから加速なのです。

経済の原理に〝均衡の法則〟がありますが、これは、需要と供給が相互に釣り合っていることを示しています。したがって、自分の需要を増加させなければ、あなたの収入と支出がバランスをとり、結局トントンで終わってしまうでしょう。

ところが、貯蓄の需要を高めると意外なことが起こります。あなたのゴールは収入の50％を貯蓄することです。創造（貯蓄）と破壊（消費）という釣り合いをとる自然の法則を合わせ鏡にするのです。その限界閾《いき》に到達する日、あなたのお金は壮大なパワーと引き寄せ力を発揮するでしょう。

かつて年収50万ドルの大成功しているビジネスマンをコンサルティングし、毎月1万ドルの貯蓄強制プランを確立するお手伝いをしました。ほぼ即座に、彼のビジネスと収入は１００万ドルに向けて上昇しました。翌年彼に会うと、貯蓄の月額が2万ドルに跳ね上がり、ビジネスの売上は１５０万ドルに達していました。

そこで、今ならどのくらい貯蓄できると思いますかと聞いてみました。そのビジネスマンは奥さんの顔を見て、そして彼女が答えました。「あと1万ドルかしら」と。すると、彼らのビジネスはあと少しで２００万ドルというところまで飛躍しました。

現在どんな経済状態で生活しているとしても、あなたにも同じことが起こり得るのです。貯蓄に価値を置き、やり通す意志を固めると、すぐに宇宙はあなたにもっと与えはじめます。なぜなら、あなたにはできると証明して見せたからです。

結果はあなたの意志の固さに比例するのです。数千人にこのテクニックを紹介してきましたが、やり通している人たちは昔の同僚たちとはまったく違う経済レベルにいます。

ファイナンシャル・セミナーに参加したカナダのある若い医師は、私が今までに教えた誰よりも多い額を達成しました。彼は毎月500ドルを貯蓄していたのですが、セミナー直後に1万ドルを貯蓄すると決意しました。彼は、ただこう言ったのです。

「今月入って来る最初の1万ドルは、何があろうと貯蓄に回す」

自分に大きな需要を課したことで、彼のエネルギーはマッハの勢いで上昇しました。そして、これは自分のためにやるのだと心の奥深くから決意したのです。

この若き医師には、ただただ驚かされました。収入のほとんどを貯蓄に回すと、その目標額を達成しただけではなく、他のすべての経費のためのさらなるお金が入ってきました。彼は大金を不滅口座に入金し、住宅ローンを払い、新しい車を買い、そしてビジネスは急成長をはじめました。

もちろん、こんな過激なやり方はほとんどの人にとってはあり得ないことですし、このチャレンジに挑んだ多くの人たちの中でも、彼は間違いなく大成功した一人です。私が説明したことを高いレベルで実施することにより、彼は加速的に経済的自由を手に入れました。さあ、あなたは彼の上を行くでしょうか。

リスクと報酬は比例しています。不安を乗り越えてリスクをとり、お金の運用に関する宇宙的法則に従おうと決意することは、天からのご褒美を見返りとして受け取ることに等しいでしょう。

経費よりも貯蓄優先――マネーセンス

何年も前に私が最初に貯蓄をはじめたとき、月200ドルからはじめましたが、その後3万ドルまで増殖し、引きつづき加速しています。私の不滅口座は急激に積み上がりましたが、そうなったのは貯蓄に価値を置き、計画を立て、決意し、強制的に貯蓄をはじめたからです。

ほとんどの人は余分なお金ができてから貯蓄を考えはじめます。残念ながら、それでは富は大きくなりません。貯蓄する額を最初に宣言し、あたかもそれが自然に起きたかのように行動するのです。見る前に信じると、富は大きくなります。

なぜ大半の人がビジョンを見られないのか。それは誤った考えに目隠しをされているからです。「請求書がたくさんあるので、自分に最初に支払うことなど不可能でしょう。経費は最初にカバーしなければなりません」と。それは真実ではなく、お金を運用するという点では賢くないと、長年の経験が証明しています。最初に経費を支払いつづけ、結局自分に何も残せない人がほとんどでしょう。

しかし、他に方法があるのです。**最初は自分、次に税金、次に請求書の支払い、最後にビジネス経費の支払い、すべてをこの優先順位に沿って支払ってください。**

私にも所得が低迷した時期がありますが、それでも最初に支払うのは自分で、貯蓄を取り崩しませんでした。支払い先の人たちに電話を入れ、「現在キャッシュフローが一時的に落ち込んでいるので30日以内に支払います。そうできなければ、利息を追加し、支払い予定を維持することは保証します」と言いました。すると、「ありがとう。いいでしょう。ほとんどの人は連絡してくれず、ただ支払わないのです」と答えてくれました。

必ず、あなたを信じてくれることに感謝しましょう。そうすれば、あなたの価値を認め、あなたが信頼できるとわかれば信用貸しの額を増やしてくれるかもしれません。請求書にあなたの計画の邪魔をさせてはいけません。一時的な不景気が終わり、お金が入れば請求書の支払いができるのですから。貯蓄を取り崩さないように頑張ってみてください。

口座振替により否応なしに自分に支払いはじめたその日以来、私は自動引落による貯蓄を徹底してきました。請求書に対する支払いが期限通りのときも、少し遅れることもありましたが、その間も私の不滅口座への貯蓄は続行してきました。

昔は、最初に経費の支払いをし、貯蓄できずにプラスマイナス・ゼロで終わっていました。今は、プラスマイナス・ゼロになっても強制貯蓄からの利益があります。今でも自分のビジネスがあり、経費は支払われ、確実に貯蓄しています。

利益を出すためのシークレットは、貯蓄という形で最初に総収入から取り出すことです。「ビジネスが利益を出そうと出すまいと、私は利益を取ります」と天に誓うのです。すると、どうなるでしょうか。あなたは利益をつくるのです。貯蓄と経費の優先順位を守ることは、富を殖やす決定的なポイントなのです。

豊かさのための予算組みと消費の悪癖

予算を組むことはあなたの目を開かせ、消費の優先順位を改めるための警鐘として必要なのかもしれません。少し時間を投資して、あなたがどのように収入を消費しているのかを正確に調べてみてください。毎月の諸費用を足し算し、各経費を12倍して1年間にどれだけ使っているか見てみるのです。

「優先順位の低いものにこんなにお金を使っているなんて、信じられない！　今実際に目にしたからには、私の価値観や優先順位をシフトさせよう」となるかもしれません。

優先度の低いものにお金をつぎ込むことは、富を引き寄せる能力の邪魔になります。あなたが高い価値を見出さないものにお金を使うということは、あなたの自己価値を低め、あなたが思慮なく金銭を管理していることを示します。

予算組みは、あなたの浪費癖を調整しようとするモチベーションになり、その癖をくつがえさせます。

ほとんどの人たちは予算を切り詰めることと重ねて考えがちですが、このシンプルな行動の本当の価値を理解すれば、富を殖やすために利用できます。いったんはじめてみれば、そのありがたさに感謝することでしょう。

貯蓄をしないミリオネアに未来はない

予算を組み、貯蓄プランを立てても、あなたのお金の運用には自然の浮き沈みがあるでしょう。上がって下がるのは森羅万象のリズムであり、人間も収入も支出も似たようなものなのです。ときには、お金が流れ込んでくることも、少し干上がってしまうこともありますが、この浮き沈みを受け入れて貯蓄に回せるなら、仕事の成果が上げられないときでも損得なしに戻れるでしょう。それは、あなたの確信と決意に対するテストなのです。

最初に自分に支払う人たちは富を得ます。最後に自分に支払う人たちはよくてトントンで終わるでしょう。そして、自分にまったく支払わない人たちは破産するでしょう。

現在の行動によって、あなたは自分の未来を決定しますから、今こそ、あなたが愛する未来を創造する絶好のタイミングです。重要なのは、あなたにどれほどの自制心と根気があるかです。富に価値を置けば置くほど、あなたの自制心はいっそう育つことでしょう。

月給1200ドルで毎月400ドル貯蓄する人と、何も貯蓄せずに借り入れを殖やすミリオネアでは、どちらが経済的成熟度が高く、経済的な未来が明るいと思いますか。一方は自分と未来に価値を置き、長期的でより意義深い目標のために目先の喜びを放棄する意志があります。

他方は子供のように場当たり的に生き、お金の運用をマスターできず、富や人生を浪費しています。

一方はお金の主人《マスター》に向かい、他方は奴隷のままです。なぜなら、長期的な満足感はお金を稼ぎ、短期的な満足感にはお金がかかるのです。そのため、**素早くお金持ちになろうとする人は通常それを叶えられず、貯蓄に関して工夫や努力をする人が心からありがたいと思える富を実現するのです。**

私のビジネスでは、社員のそれぞれが貯蓄計画を立てることを必須にしました。貯蓄額を上げない限り誰も昇給しません。最初のころは、自由侵害と文句を言う社員もいました。しかし、やがて全員が経済面で感情や欲望を抑えられるようになり、実際に現れた効果に感謝しました。ただし、あなた自身を他の人と比較しないでください。他の人の外観に惑わされて自分の成長具合にイライラしないでください。うまくいくプランだけに目を向けていてください。お金の運用において、賢いカメが愚かなウサギを追い越すことはよくあります。

お金を引き寄せる磁力――マネーマグネット

自動引落の貯蓄、3カ月ごとの加速、優先順位修正による予算組みは、すべて利益を生み出し、富を築くためのパワフルで効果的な方法です。そこで、さらに富を殖やす魔法、〝マネーマグネット〟を加えてみましょう。

お金をいちばん持っているときに、さらなるお金が流れ込みやすいことに気づいたことはありますか。**お金は磁石のように働き、積み上げるほどよりいっそう引き寄せることになります。**あなたがお金を持っていればいるほど、人はもっとあなたに渡そうとします。あなたのお金が少なければ少ないほど、お金はあなたから取られてしまいます。

銀行に行って10万ドル借りようとした場合、銀行はあなたに何を要求するでしょうか。10万ドル相当の担保を要求します。しかし、もしあなたがすでにその額を預金していたら、お金を借りていただけませんかと向こうからお伺いをたててきます。より多く持っている人に対して、より多く与えられ、持っていない人から、より多く取る――それが基本法則なのです。

富を築くということは、ある程度までは意識との共鳴なのです。10ドル貯蓄すれば10ドルのチャンスが現れます。100ドル貯蓄すると100ドルのチャンス、千、1万、10万と、どの大きさの金額を貯蓄したとしても、それがチャンスの大きさになり、あなたの心の状態により磁石のようにチャンスがあなたに引き寄せられてきます。

100万ドルに達すると、あなたは突然、100万ドルのチャンスを差し出されていることに気づくでしょう。やっていることはそれほど違わないのですが、あなたは今までと違う存在となり、世界に対する影響力が生じるでしょう。

インスピレーションが湧き、生き生きしてくると、あなたのビジネスは成長する傾向にあります。ビジネスが成長し、精力に満ちていると、より多くの人がそのインスピレーションと成長を助け、分かち合おうとして、磁石のようにあなたに引き寄せられます。

ただし、お金のために働くという生き方はしないでください。お金を貯めて、あなたのためにお金が働くように使ってください。するとあなたは、感情的で抵抗感のある状態から、もっとバランスのとれた創造力豊かな状態へ引き上げられます。それに比例して、あなたの目に映る可能性は高まります。ですから、自分に投資することです。

お金の運用をマスターし、達人になること、それは健康、恋愛、ビジネス、さらには心を司るのと同じ原理によって叶えられます。

なぜなら、すべては〝精神〟だからです。

あなたの富と精神は貯蓄とともに成長するでしょう。より豊かになればなるほど、あなたは自分や他の人のためにより多くのインスピレーションをもたらせるでしょう。そして、この世にいながらにして天国のような至福を経験できるでしょう。

エクササイズ❶

「不滅口座」をはじめてください。今すぐやりましょう。金融機関を訪ね、今日、決心してください。

資産形成のための口座を開設し、毎月、収入が振り込まれる口座から所得の10％を自動的にその口座に振り込まれるように指示してください（最低限度額の選択肢を適用する人は、入金額を確認し、必要ならば引き上げてください）。それから、3カ月後に自動振替額を10％（最低でも1％以上ですが、10％がお勧めです）引き上げます。引き上げる日付も伝え、3カ月ごとに引き上げる（11％、12.1％、13.3％、14.6％……）ように伝えてください。

このサービスをお願いすると手数料が多少かかるかもしれませんが、あなたの決意と富を築くために役立つことを考えれば十分価値があるでしょう。収入の預金割合が増えるだけではなく、優れた蓄財力を証明することがあなたの収入増加の要因にもなるでしょう。

殖えるのを見守り、手をつけないでください。いったんこの口座に入ったら、もうあなたが使えるお金ではないと考えてください。それはあなたの魂や長期的目的のためのもので、働いているだけでは稼げないお金をつくるためのものです。

これは、あなたの未来の至福の富の礎を固める、かつてないパワフルなワンステップになります。今すぐ実行しましょう。

エクササイズ❷

あなたには、いつか死ぬ運命にある肉体と不滅の精神があります。食べ物や物質の所有はあなたの死ぬ運命の部分のためにありますが、それをあなたの不滅の自己を活かす力に変える方法があります。

誰かがあなたを食事に連れて行ってくれるたびに、あるいはすでに自分で買おうと思っていたものをプレゼントされるたびに、その食事またはプレゼントの額を不滅口座に預金してください。そうすることで、死ぬ運命の自己ではなく不死の自己に与えることができます。

こうすることで、不滅口座への意識が高まり、より早く殖え、いただいたものを2倍感謝できるでしょう。それは高次の目的に差し出されるわけですから、あなたに支払いを申し出る人たちの数もどういうわけか増えることになります。

第6章

お金と感情のコントロール

Manage Your Emotions…or They'll Manage You

知恵とパワーの金言⑥

＊私は感情的な痛みや喜びという幻想をお金を運用する知恵で超越する。
＊つかみどころのない感情はお金がかかり、真の愛を持つ存在が富を築く。
＊聞いてもらうために沈黙のパワーを使う。
＊私には、これ、それ、両方、またはどちらでもないを選ぶパワーがある。
＊自分のセンターを維持したまま、高揚感にも意気消沈にも左右されない。
＊大きな富は大きな責任感をもらたすが、私はその両方を受け入れる。
＊私のバランスのとれたハートと意識が経済的な自由をもたらしてくれる。

感情の安定が経済的な安定をもたらす

富と価値を発展させる鍵は感情的な安定にあります。人生はぐるぐる続いていく果てしないらせん状のバネのようで、いつもさらに高いレベルへ昇っていく……そう考えてみてください。あなたは、らせん状のバネに沿って人生という旅路を歩いて行き、それが安定している限り、先へ進んでいくことは簡単です。

ところが、あなたの感情が高揚するとき、上に跳ね上がります。そしてあなたが落ち込んでいるとき、それはぎゅっと縮まります。バネが上下に動いているときは不安定になりますから、あなたは立ち止まり、持ちこたえなければなりません。

富に向かう道を昇っていこうと試みることは、らせん状のバネの上を歩いて昇っていこうとするようなものです。跳ね上がるか、高いところへ進んでいるときもあれば、縮まって低いところへ向かっているときもあるでしょう。経済的成長に半狂乱することも、子供のようにひざを抱えてふさぎ込むときもあるでしょう。

そうした感情は、あなたが目標に向かうのを妨げ、力ずくで引きとめようとします。その様子とは、実際にはあなたの心であり、あなたが安定しているときにだけ歩くことができます。

何かを決心する場面に立っているときはいつも立ち止まり、深呼吸してください。そして、あらゆる決心に関して、あなたには四つの選択肢があることに気づいてください。これかそれか、両方か片方か。あなたはどちらか一つを選ぶことも可能ですが、両方を組み合わせて選ぶか、または両方とも選ばないこともできるのです。

〝これかそれか〟という解決策だけを信じていると、打つ手がなくて進めなくなることもあります。しかし、自分を閉じ込めなければ、まったく新しい代替方法が心に浮かぶこともあります。**物事をマスターした人は、バランスよく中心に座り、選択できる人です。**脳の最高レベルにはたくさんの選択肢があり、リーダーとは、どんな状況に置かれてもそれを心得ている人です。このような確信と自由が、あなたを素晴らしい天上の豊かさへと導きます。

クッション預金――感情のセンタリング効果

感情は、あなたに何らかの活動を極端にやらせるか、極端にやらせないようにしますが、金融の世界では、やりすぎ、やらなすぎは、あなたにストレスをかけるだけではなく、時間とお金という代償をたっぷり支払わせます。

そこで、どのようにお金の運用に関わる感情を管理し、極端さを中和すればいいのでしょうか。ここでの鍵は、お金を儲けたときに高揚しないことと、お金を儲け損なったときに落ち込まないことです。そのような安定感をつくり出すのを助けてくれるのが、成長しつづける不滅

クッション口座の概念

最低でも2カ月分の所得をカバーする貯蓄額のある口座。●ページの表に倣えば、収入が50万円の人は17カ月目に不滅口座がクッション口座の役割を持つようになる。

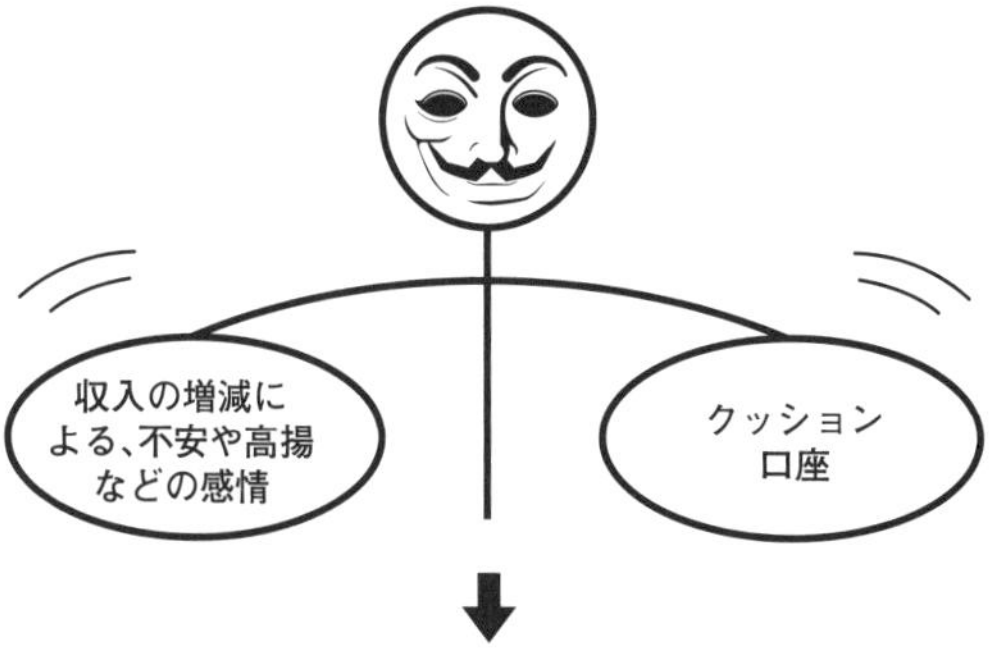

クッション口座を持つことで感情に揺さぶられなくなる。

口座という基盤で、私はこれを「準備預金」または「クッション預金、クッション口座」と呼んでいます。クッションは、あなたが自由に夢を生き、極端に走らず、感情を中和して富やビジネスを成長させられるようにデザインされたものです。

不滅口座によりあなたの富は10ドルから１００ドル、１０００ドル、１万ドル、10万ドル、１００万ドルと成長しますが、新しいレベルに上がるたびに、あなたがより拡張されたステージで安定することを学ぶまで、高揚するか落ち込むことがあるでしょう。新しいレベルで安定できるように助けてくれるのが〝成長クッション〟です。

たとえば、あなたが１日１０００ドル売り上げるビジネスを経営しているとしましょう。突然、それが５０００ドルになると、あなたはきっと高揚し、素晴らしい富に恵まれた未来を想像しはじめるでしょう。反対にもしそれが20ドルなら、おそらくあなたは落ち込み、悲惨な未来を想像するに違いありません。こんな状態が続けばすぐに破産してしまうとばかりに、その上昇または下降の程度に比例して、飛び上がるか落ちていく未来を想像するのです。

こうした正常な人間の反応に対する最善策が、ちょうどよいサイズのクッションなのです。クッション口座を開設することで、週給ベースの場合なら週50ドルからでもいいですから、そこに入金しはじめ、少なくともあなたの2カ月分（あるいは3カ月分）の所得をカバーするぐらいまで貯蓄します。たとえば、あなたが1日500ドル稼ぎ、月20日働くなら、2カ月分をカバーするには2万ドル必要です。

これは消費のためではありません。あなたが安定してセンターを維持できるようにするのが目的です。クッションの額が大きければ大きいほど、センタリング効果が高まります。

安全な銀行またはその他の金融機関の口座に入れる流動資金として決して手を触れず、2カ月分の収入をカバーするまで積み立てます。このクッションをつくっておくと、物事に動揺することが少なくなり、いっそう自分のセンターを保ち、富を築く原理に従えるようになります。お金持ちになると、多少儲けてもすでに持っているお金に比べると大した額ではないために、極端に高揚することはないでしょう。損失が出ても、大した打撃を受けずに継続できますから、極端に落ち込むこともありません。

収入が増えたら、その分、必ずクッションも増やしてください。収入が1日1000ドルなら、必ずクッションは2倍の4万ドルです。クッション口座があることで、あなたの上下変動が安定し、お金は利息をつけ、経済的な安心感から自信を持つことになるでしょう。

裕福な地獄とは?

「富めるときも貧しきときも、病めるときも健やかなるときも、どのような運命になろうとも末永く……」と、結婚式で愛の誓いを立てます。これは伴侶の人生の両面を愛するという意味です。もし富に関して片面だけの喜びや幸せを思い描いているなら、あなたはのぼせ上がった夢の中を生きていて、もう一方の面が見えたときにショックを受け、憤るでしょう。あなたがお金を愛さないなら、お金はあなたの人生を支配するでしょう。愛するということは、喜びも痛みも受け入れるということです。

お金があなたを幸せにするのではないということを理解してください。人生のあらゆることは、喜びと痛みという形に変えるだけで、どれもが代償を伴います。自らの意思で代償を支払おうとするときに、あなたは報酬を獲得してきたのです。

では、富とともにやってくる代償にはどんなものがあるでしょうか。その代償が大きくなるにつれ、よりあなたの時間を必要とし、愛する人たちや気晴らしの時間を取り去り、リラックスする時間をつくることさえ難しくなるでしょう。リスクは大きくなり、どんな決断にも敗北の可能性が伴います。

友人や親戚から遠ざかることも、つき合いが一変することもあるでしょう。人々や慈善団体が蜜にたかるハエのように近づいてくることもあるかもしれません。自分の投資はすべて監視し、チェックしていなければならず、そうしなければ短期間で減ってしまうかもしれません。あるいは、〝出る杭〟として、ねたみの的になることだってあり得ます。

また、友人や愛する人が心を分かち合える相手なのか、お金に引き寄せられてきた人たちなのかわからなくなることもあるかもしれません。もはや働く必要がなくなり、生きがいを感じる使命が見つからずにモチベーションを失うか、孤独になるか、落ち込むかもしれません。新しい状況に慣れずにストレスを感じ、それにより健康を害することもあるでしょう。ある程度の感謝と自制心を持たなければ、選択肢やパワーの制限から解放された状態で、やりたい放題になってしまうかもしれません。

大きな富に伴う偉大なパワーや責任を引き受けられるまでに成熟していないと、自分や他の人にも影響が出るでしょう。お金は痛みと喜びの両方をもたらします。あなたが自分の感情の扱い方をマスターしていなければ、喜びや痛みが度を越すこともあるのです。**内面にバランスがないと、感情は、裕福さを誰もが思い描くような天国ではなく、地獄にしてしまうこともあり得ます。**

天国とは、心の状態です。感謝の心で自分のセンターに還る瞬間にいつでも届くことができます。感情はいつか死ぬ運命にある自己から来るもので、頭の中にあります。愛は不滅の自己から生まれ、ハートのセンターにあります。ゆるぎない愛と、やりたいことを創造し手に入れるパワーがあなたにもたらされるのは、バランスがとれたハートで生きているときです。

感情よりもハートに従え

人間の持つ魔法のような四つの質は、感謝、愛、確信、そして今ここにいる存在感です。それはインスピレーションを得ることのできる迷いのない心という、あなたの聖域を支える四つの大黒柱です。最初の二つ、感謝と愛はハート、つまり真心の質。次の二つ、確信と存在感はマインド、つまり心のあり方の質です。

あなたの感情のバランスが整っているときはいつでも感謝の念を抱き、ハートに愛を感じ、ゆるぎない確信とパワフルな存在感をかもし出します。この四つの質のパワーと、人生のどんな状況をも変えてしまう魔法のような能力を信頼しましょう。極端な感情は言い訳に通じるだけですが、この四つは、障害を乗り越えるパワーを与えてくれます。

これらの質が同時に発生すると、神の意思である〝均衡〟を体験します。人間の意思が天の均衡と合わさるとき、より優れた能力と価値のレベルへ進化します。ところが、その均衡を無視した途端に、あなたは不均衡な感情をつくり出し、パワーを失い、勝ち目のない戦いに苦しみます。

自分自身と葛藤しているときの感情は、やりたいことをすることや至福の富を築くことからあなたを遠ざけます。あなたが感謝すればするほど、精神力やパワーは統合されますが、感謝がないとあなたという存在は分裂して衰えます。

私がカイロプラクティックの診療所を開業して2カ月後、すべてが急降下しました。クライアント数が激減し、心配が募りました。そこで私は仕事仲間に電話をして聞いてみました。

「僕の診療所はやばい感じだけれど、どうしてだかわからないよ。君のところは上向き、それとも下向き？」

「かなり下向きだね。きっとクリスマスだからだろう」

その人は答えました。私は若いカイロプラクター七人に次から次へと電話をかけてみましたが、みんな同じことを言いました。そこで、私はクリスマス時期にはよくあることだと信じはじめたのです。

そして私はもう一人の友人に電話することにしました。電話に出た受付の人から、今は診療中ですからお待ちくださいと言われ、そのまま待たされました。

待たされている間、彼の診療所が活気にあふれ、忙しそうにしている様子が受話器越しによく聞こえました。その友人は1日200人のクライアントを診ていましたが、まるで全員が同時にその場にいるかのようでした。

彼が電話に出たときに、どんな様子かと聞いてみました。すると、

「あー、信じられないよ。まるで世界中のみんながクリスマス前に来たがっているみたいだ。それで君はどうなんだい？」

「うん、君がどうしているか知りたかっただけだよ」

「おっと、戻らないと。たくさん並んでいるからね。また電話するよ」

ガチャッ。そして彼はいなくなりました。

私は受話器を置いて思いました。「くそー、どうしてアイツに電話なんかしたんだ！」と。電話するまで、うまくいっていないことには言い訳がありました。しかし、その電話で、彼が患者に対してパワフルで誠実な愛を示している間に、私は自分のことばかり気にしていたことに気づいたのです。

彼はインスピレーションを感じていたけれど、私は感じていませんでした。彼は確信を持っていましたが、私は疑いばかりでした。そして、彼には存在感がありましたが、私は気もそぞろで言い訳ばかりに目を向けていたのです。

彼は富とビジネスを築き上げる原理に従っていました。感謝の念と愛情と確信と存在感があったのです。そのため絶好調でした。

そのとき彼が、私も同じことをすべきだということを思い出させてくれたおかげで、言い訳

を探したり自分以外のものを責める代わりに、私は謙虚になり、意識を集中させ、ビジネスに全身全霊を捧げました。

どうなってしまうのだろうという不安にとらわれるのではなく、起こってほしいと思うことが明瞭になりました。落ち着かない感情を通り抜け、私はハートを取り戻したのです。すると、ビジネスはクリスマス前に急に動き出し、上昇しつづけました。急降下の理由は、経済でも人でも休暇でも何でもなく、すべて私自身のせいでした。インスピレーションを取り戻したときにビジネスはよみがえりました。

感情は過ぎ去りますが、愛は永遠です。この悟りを開いた状態にいればいるほど、あなたの光はさらに明るく輝きます。光を閉じ込めておくと、世界があなたを支配します。光を放つと、あなたが世界を支配します。

愛以外のものはすべて幻想だということを理解してください。愛こそ天国なのですから。そこでは、あなたの愛するものやあなたを打ち消すものは何もないでしょう。

感情を穏やかにし、あなたの精神の光にリコネクト、つまり再び結合してください。そして、ここで学んでいるお金の運用の原理を応用するための忍耐力と確信を得てください。感情のコントロール法をマスターするとき、あなたはお金のコントロール法もマスターし、あなたが管理する権利を自分のものにしたときに富が流れ込んでくるでしょう。

エクササイズ

お金に関する感覚を穏やかにし、マネーマグネット力を増強するための素晴らしい方法を紹介します。

まず、1日いくらの収入を得たいか決めてください。そして、単純にその額を財布に入れて持ち歩いてください。それをやるまでは、このエクササイズのパワーを十分に把握できません。1日 1000 ドルの収入を得たいのなら 1000 ドル持ち歩いてください。1万ドルなら、1万ドルを持ち歩いてください。

ただし、このお金は使わないでください。純粋に心理的なクッションですから、普段使うお金とは別のところに分けておいてください。

これは安定と自信をつくり出すだけではなく、パワフルなマネーマグネットでもあります。その額を持ち歩くのに慣れたら、それと共鳴しはじめ、あなたにはその額を持ち歩く価値があると信じるようになります。

このエクササイズの心理は、あなたは車で、そのお金はガソリンタンクです。あなたが車に乗って運転しているとき、ガソリンタンクがほとんど空っぽでは、心の状態に影響することでしょう。おそらく不安になり、ガス欠になったらどうしようと心配し、運転から気がそれるかもしれません。

財布にお金を持っていないのは、ガス欠で運転しているようなものですが、1万ドルが財布に入っていたら、まったく違う気分になるはずです。これは意識のゲームです。ぜひ実行してみてください。

なかにはそんなにたくさん持っているとなくすのではないかと不

安だと言う人もいますが、私はまだなくしたことはありません。しかし、どんな額でも失う不安があれば、それが実現する可能性もありますから、この不安にはしがみつかないほうが得策です。そして、1日分の収入を失うかもしれないという不安があるのは、あなたが原理に従っていないということです。

もう一つあります。現金を持ち歩くのは、クレジットカードを持ち歩くのとまったく意味が違います。現金は心理的利息を得る、確信への投資なのです。

1日に稼ぎたい額を持ち歩くことがあなたのお金をそのレベルに固定させ、そうすることにより得られる確信が、銀行の利息よりもずっと多くのお金を稼がせてくれるでしょう。懐が寒いとお金は寄りつかず、懐が暖かいとお金が集まってきます。お金もまたバイブレーションですから、持ち歩いて殖やしてください。

第7章

確実に殖えつづける
ピラミッド式資産運用

Evolutionary Investing

知恵とパワーの金言⑦

* 私は裕福であり、正しい知識を持っている。
* 私のお金は光のスピードで私のもとに来る。
* お金の運用に関わるとき、私は走る前に歩き、山を駆け上がる前に走る。
* 何が起ころうとも、私は自分のお金の運用計画を守る。
* 私はお金の運用を段階ごとにマスターする。
* 私はお金の運用に関する学びを心から受け入れ、至福の富を育てつづける。
* 長期的に富を構築することについて、バランスのとれた見方をする。

お金の運用のピラミッドを築こう

　ここまでずいぶん多くのことを学んできました。富は精神性の一つの側面に過ぎないということを発見し、あらゆる取引においてフェアな交換を維持することの重要さも知りました。自己の価値を見出し感謝することのパワーを探求し、他の人と同様に自分を尊重することの大切さにも気づきました。

　あなたが不滅口座（クッションロ座）をすでに開設し、穏やかな感情を持ち、稼ぎたいと考える1日分の収入を持ち歩きはじめていればうれしいことです。これらの原理に努めて従えば、あなたの富は、最初ゆっくりでもその後急速に殖えはじめることでしょう。

　それでは、あなたは富をどうしようと考えているのでしょうか。どう維持して、どう殖やしますか。この章ではそのあたりについて見ていきましょう。

　まず手はじめに、お金を別の視点からとらえてみましょう。昔々、原子的なお金の形の一つは家畜でした。人間の歴史のはじまりのころは、生きた家畜が財産だったのです。

　それは、小さいコミュニティの中では有効でしたが、文明が発達するにつれ、家畜を長距離移動させるのが不便で困難になりました。人々はもっと効率のよい方法を見つけなければならず、金属の製錬をはじめ、持ち運び可能で耐久性のあるコインをつくりました。Capital（資本）

ということばはラテン語の caput が語源で、その意味は「頭」でした。初期のコインは牛の頭というイメージを持っていたのです。

取引や距離の増大に伴い富の額は増加し、コインは重すぎて持ち運ぶには不都合になりましたから、紙幣が追加されたのです。そして、すぐに小切手が出現し、大きな額のお金の代わりになり、さらに、もっと軽く安全なクレジットカードになりました。最近では、電子マネーやインターネット・バンキングがあります。そこでは、ボタンを一つ押すだけで、大金が世界中に移動可能なのです。

生き物から金属、紙、プラスチックへ、そして電磁気エネルギーへと徐々に洗練され、とてもゆっくりで重厚なものから、とても速く軽いものへと金融が進化しました。実際、電磁気エネルギーによる送金で、お金は文字通り光の形になっているのです。

富が形態の進化を経てきたように、意識も具体的なものから抽象へ、高密度なものから高尚な精神へと進化してきました。お金と意識はともに進化し、生命の重要な原理を司っています。自然は、古い仕組みを捨てるのではなく、うまくいくと証明されたものの上に新しいものを築くだけなのです。

母親のお腹にいた胎児のとき、あなたは下等な生命形態の進化のすべてを部分的に再現してきました。単細胞生物から小さなエラのある両生類へ、爬虫類から哺乳類への前段階を経て、生まれる前に人間になって誕生したのです。

これは、成長と発展を確実にする自然の方法であり、富を築くにあたり、あなたもこの通りの過程をたどるのが賢明でしょう。

人間が創造した最も偉大で耐久性のある構造物の中に、エジプトのピラミッドがあります。これもまた一段一段創造されました。あなたもすでに富を築くために同じような学習をはじめています。

リスクのない安定した基礎の上にお金の運用のピラミッドを築き、資金や情報、スキルが高まるにつれ、一連の進化のステージを上昇し、そして究極的には知識と富のピークへと上りつめます。

至福の富を築く基礎固め

あなたは気づいていないかもしれませんが、不滅口座（クッション口座）を開設したら、すでにお金運用のピラミッドのための基礎工事を終えたことになります。前章で学びましたが、あなたのクッション口座は少なくとも収入の2カ月分相当のお金を維持しているはずです。月の収入目標が1万ドルなら、基礎は2万ドル。

選択した額かパーセントのいずれか多いほうを自動引落でクッション口座へ振り替えます。最初は安全に年利3〜6％〔訳者注：国により、また経済情勢により金利は変動します〕しかつかないかもしれませんが、この額はお金運用の構造基盤になるでしょう。ゆるぎない地球のように、ゆっくりでも安定したものであるべきです。

あなたのクッション口座は富を築き上げていく基礎となります。基礎がなければ構造物は建たないのです。歩ける前に走ろうとする、ハイハイする前に歩こうとするのは無理だと思いませんか。

あなたの知識やお金のリスクに対する真の耐久力レベルを飛び越えようとしたら、おそらく転んでしまい、お金を失ってしまうことになるでしょう。

「でも、株式投資なら、早くたくさん儲けられる可能性もある」と言う人も中にはいるでしょう。

ですが、感情的な安定性と安心感を蓄えることのほうがよりいっそう重要なのです。投資はその後なのです。私はハイリスクな投資に飛び込んだ人たちをたくさん知っていますが、基盤を持っていなかった彼らの投資金額はごっそり消えてしまいました。

本書の示す通りにあなたの至福の富を築いてください。**高利回りの投資よりも安定している貯蓄のほうが、結局、ビジネスや人生でずっとお金を儲けることになるでしょう。**1年や2年かかってもかまいません。とにかく、毎月口座に貯蓄してください。あなたがリスクに耐えられる権利を獲得するまで貯蓄を殖やしてください。

まずは、至福の富を築く基礎を固めてください。この過程が、あなたの感情を管理する、そしてバランスをとる練習の時間を与えてくれます。

ほとんどの人たちがそこに到達する権利を獲得する前に投資をしようとしています。ハイハイもできないうちから走って山を登ろうというのです。

2、3年前に、私は世界トップクラスの証券会社のファイナンシャル・アドバイザーとともにコンサルティングを行いました。彼らにこの方法を紹介すると、そのうちの何人かは言いました。

「6％だって？　冗談じゃない。そのキャッシュを持っているクライアントのために、僕たちが稼げるかもしれないお金はどうなるのですか」

「あなた方の顧客は、最初にお金を稼いで高揚しうぬぼれているけれど、お金を管理できない人たちです。株式市場が落ち込むとお金を全部引き出し、お金は再びゼロに戻ってしまうでしょう」

私がそう言うと、彼らはまさにそういうことが起こっていると認めました。

基盤ができていないそうした投資家は、市場の変動に対処できるほど感情的に安定していませんでした。そして、ファイナンシャル・アドバイザーたちはクライアントの反応をどう扱っていいかを知らなかったのです。

クライアントは大金を儲けたということで有頂天でした。リスクやリターンに伴う感情にも対峙できると言っていたのですが、結局はできませんでした。株が暴落すると、パニックに陥って損失のまま売却し、投資家が市場から抜けたことにより証券会社には多大な損害となりました。

やがて、私のメッセージが通じ、今この証券会社は〝ファイナンシャル・クッション〟を育てるプランを戦略化し、それにしっかり従うように再教育しています。このファイナンシャル・アドバイザーのゴールは、もはや大金を儲けることではなく、クライアントがお金を稼ぐ権利を確実に自分のものにすることです。なぜなら、長期的にはそのほうが裕福になることを知っているからです。

世界をリードするファイナンスのプロたちにとってクッションを築くことが賢明であるならば、きっとあなたにとってもそうであることでしょう。

ピラミッド式に投資レベルを上げる

あなたのお金運用のピラミッドの2段目は、もう少し高めの金利を得るべきですから、時間がたつにつれ5〜7％の利益を生むような、選りすぐった少し高い利率の地方債または財務省短期証券〔訳者注：アメリカの財務省が発行する、償還期間1年以下の短期国債〕などにお金を入れはじめてください〔訳者注：銀行預金の次にローリスクで利率がよりよい金融商品へ預けるのが基本です。国債、地方債、社債など。利率が1％以下の場合は、比較的ローリスクの

フォレスト出版　愛読者カード

ご購読ありがとうございます。今後の出版物の資料とさせていただきますので、下記の設問にお答えください。ご協力をお願い申し上げます。

● ご購入図書名　「　　　　　　　　　　」

● お買い上げ書店名「　　　　　　　　　　」書店

● お買い求めの動機は?

1. 著者が好きだから　　2. タイトルが気に入って
3. 装丁がよかったから　　4. 人にすすめられて
5. 新聞・雑誌の広告で（掲載誌誌名　　　　　　）
6. その他（　　　　　　）

● ご購読されている新聞・雑誌・Webサイトは?

（　　　　　　　　　　）

● よく利用するSNSは?（複数回答可）

☐ Facebook　☐ Twitter　☐ LINE　☐ その他（　　　　）

● お読みになりたい著者、テーマ等を具体的にお聞かせください。

（　　　　　　　　　　）

● 本書についてのご意見・ご感想をお聞かせください。

● ご意見・ご感想をWebサイト・広告等に掲載させていただいてもよろしいでしょうか?

☐ YES　☐ NO　☐ 匿名であればYES

郵便はがき

料金受取人払郵便

牛込局承認

9092

差出有効期限
令和7年6月
30日まで

162-8790

東京都新宿区揚場町2-18
白宝ビル7F

フォレスト出版株式会社
愛読者カード係

フリガナ お名前	年齢　　歳 性別（ 男・女 ）
ご住所 〒 ☎　（　　）　FAX　（　　）	
ご職業	役職
ご勤務先または学校名	
Eメールアドレス メールによる新刊案内をお送り致します。ご希望されない場合は空欄のままで結構です。	

フォレスト出版の情報はhttp://www.forestpub.co.jpまで!

ピラミッド式の投資法の概念

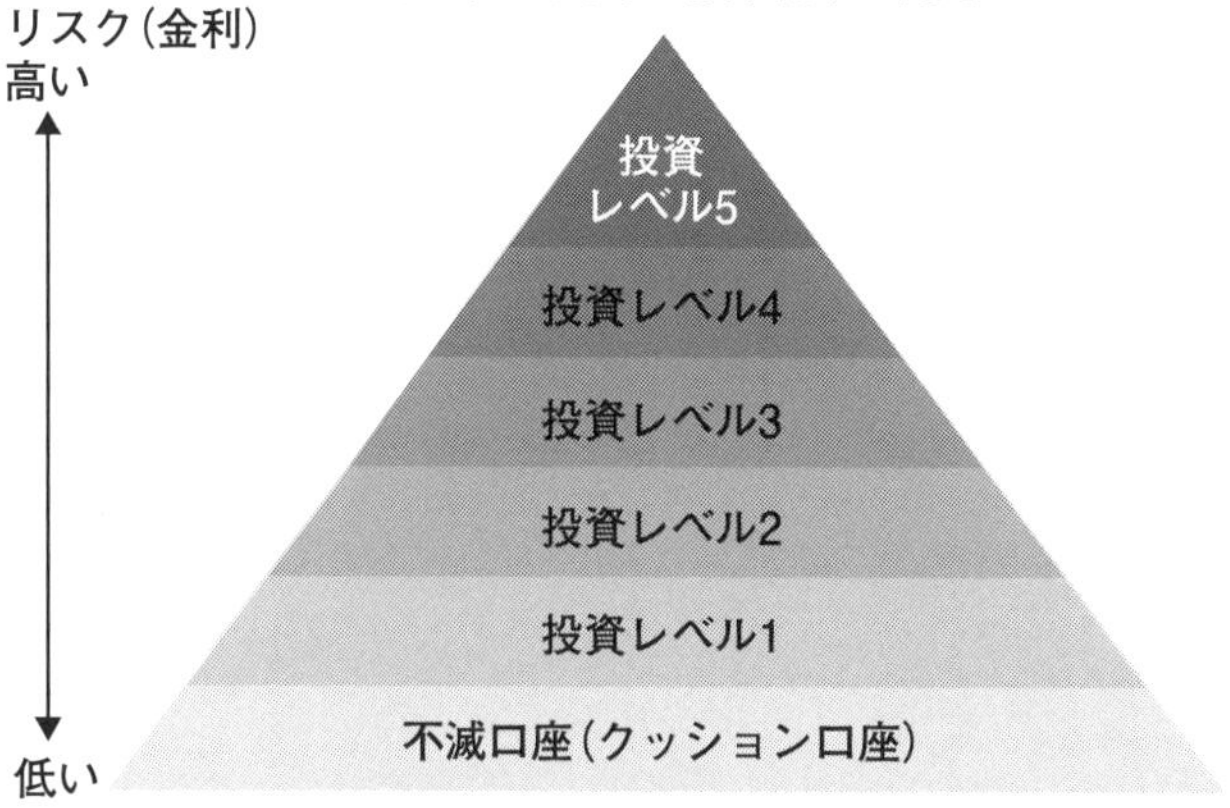

いずれの口座も2カ月分の所得額で満たされた段階で次のレベルの口座へ進む。それぞれの口座の利益はそれぞれの口座で積み上げる。

金融商品を選ぶ段階ということです」。

これらは多少流動性はなくなりますが、一段下のクッション口座よりは高めのリターンで大したリスクは生じません。要するに、歩くことを学んだ子供がいきなり高速道路で歩く練習はしないということです。あなたの収入の2カ月分に到達するまで、このレベルに預けつづけてください。

このレベルが満たされたら、次のレベルに上がります。あなたのピラミッドの3段目は、時間をかけて7～9％のリターンを狙えるバランス型投資信託（多くは社債で、そして多少優良銘柄株）やインデックス・ファンドを組み入れましょう。実質上、これまではお金を増やすことより比較的ローリスク・ローリターン投資を含む貯蓄がメインでした。

もう一度言っておきますが、1段目と2段

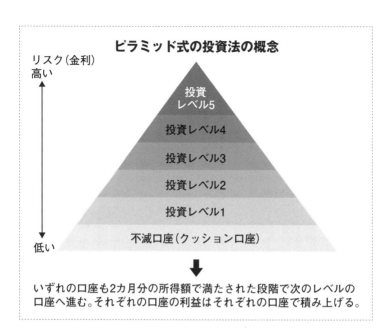

目の口座はそのままにしておき、次のレベルに進む前にそれまでと同様に2カ月分の収入金額を積み立てましょう。

4段目では、資本金が大きく長期的に安定している著名な大企業の本物の優良株を買いはじめてください。優良株市場の多く、またはほとんどの分野に分散されている、バランス型の投資信託やインデックス運用の投資信託を購入するといいでしょう。おそらく、これらは時間が経つにつれて9~11%の利益を生むかもしれません。もう一度言いますが、ここのレベルでも、上に上がる前にまたあなたの収入の2カ月分を預け入れます。

次の5段目は、11~13%のリターンが期待できる中・大型株で構成されます。それらの銘柄はよく知られているわけではなく、また多少変動しやすいでしょう。しかし、このときまでに、あなたはそのレベルのゲームをやる権利を獲得してきています。また、あなたのポートフォリオ（投資家の持つ各種有価証券類の一覧）全体のうちの小さな割合を占めるだけでしょう。

そして、あなたのお金運用のピラミッドの6段目のレベルで、あなたは中・小型株と、もしかしたらハイリスクでハイリターンが得られるかもしれないワラント債、オプション取引、ヘッジファンドを扱うことになるでしょう。これらは、さらに投機的な商品ですから、下地としてこの下のレベルの投資商品を経験するまで手をつけないほうが賢明といえます。

より高いリスクを負うというのは自らが獲得していく権利であり、そのレベルに到達するまでに、あなたはお金の管理方法について豊富な知識を備えているはずです。

大切なことは、一つのレベルが満たされたら、その口座はそのままにして次のレベルに進み、それぞれの利益はそのままその口座で積み上げるようにすること。このようにあなたのお金の運用の構造を組み立てることは、各レベルでの成長の実現性を増すだけではなく、所得の増殖にもなるのです。

さらに、自分の資産を毎年見直し、昇給し毎月の収入が増えたら、その2カ月分に相当するようにお金を動かして、すべてのレベルの口座の金額をかさ上げしてください。最初のレベルを築くのにかなり時間がかかるように思えるかもしれませんが、次のレベルからは左記の理由により先に進むにつれてより早く固められるでしょう。

① お金をそのままにしておくことにより複利で計算され、各レベルがより高いレベルの利息を引き寄せます。

② あなたの富が殖えるにつれ、感情的に安定し、さらに感謝に満ちていきます。富は生き物のように成長しますから、子育てしているように成長や発達をありがたいと思います。ありがたいと思われるものは何でも価値が上がります。

③ 富の増加は磁石のように働きます。あなたが新しいレベルに共鳴することにより、より多くのお金やチャンスがやってきます。富のピラミッドに貯蓄すればするほど、より多くのものを受け取ることでしょう。あなたは地球を飛び出すロケットのように、

より高く上がると、より速く上昇します。重力が下がると勢いが強まるのです。

お金運用のピラミッドの各段階は、単なる階段ではありません。クッションの強化なのです。あなたの資本金が殖えるにつれ、リスクを負い、より高いリターンを受け取る経済的余力も出てくるのです。**あなたは単に富を殖やしているだけではなく、自己価値を高め、より大きなリスクを扱える感情的な能力も増しています。** 確信を持ってチャレンジに対峙できるようになると、あなたはまったく違う結果が得られるのです。

投資で大失敗する人の残念なマネーセンス

こうしたクッションのない人たちがリスクのある株式市場に飛び込むと、一度は上がっても、その後、ほとんどは下がります。暴落すると、富もビジネスも一緒に破綻します。簡単にお金持ちになろうとしないでください。それこそ、簡単に貧しくなるための方法なのです。

2、3年前、クライアントの一人のリサのアパートが火災になり、彼女は8万ドルの保険金を手にしました。そして、私のところへ来て言いました。

「このお金をどうしたらいいと思いますか。友達はある注目株に全部投資すべきだと言いますが」

「反対ですね。第一に、あなたはその保険金が現在持っている資産のほぼ全額だと言いましたね。あなたは他にほとんど予備の現金を持っていません。他の投資もありません。それに株式市場のこともその特定の株のことも、ほとんど知識がありません。それだけでも、そんな投機にすべてのお金をつぎ込むなど浅はかです。お金にサヨナラする可能性が高すぎるでしょう」

そう私が言っても、彼女は大金を儲けるチャンスだと食い下がりました。

「たとえ大金を稼げたとしても、その代償を支払うことになるでしょう。友達は自分が天才だ、あるいは自分はすごくついている、あるいは株式投資は簡単で、次にお金が入ったらそれにつぎ込もうと思っているのでしょう。

もう一度言いますが、あなたはお金にサヨナラする確率が高いのです。あなたは今持っているお金を失う準備ができていませんから、もしそうなったらあなたは破綻するでしょう。そういう人たちを、僕はたくさん見てきました」

このことばで、彼女はようやく私のアドバイスに耳を傾ける心構えができました。

リサは普段とても頭のいい女性で、投資に関しては新参者ですが、少なくとも自分より投資について知っている人に相談するセンスはありました。そして、賢明なる彼女はアドバイスに従ったのです。

それでも、彼女は注目株情報に従ってしまうだろうという予感がありましたので、私は流動資金のいくらかを貯蓄口座に入れたままにして、少しだけ債券や大型株につぎ込むようにアドバイスしました。
事態は私の予想通りになりましたから、彼女が8万ドルまるまる投資していたら、今では4万3000ドルの価値に下落していたでしょう。つまり、リサの損失は3万7000ドル。ほぼ半額を失うという事態を彼女は受けとめられなかったでしょう。

もしあなたが〝安心プラン〟に従えば、多層構造の貯蓄と投資ポートフォリオ、すなわち極端に走らないリターンと確実性を持って富を殖やす安定したピラミッドを手に入れることになるでしょう。また、各レベルの経験や金融の世界を知っている人との関わりを通して、資産形成の知識も増え、ある日、あなた自身も金融の世界を知る人間になり、他の人がアドバイスを求めに来ることに気づくでしょう。

一攫千金を狙うのではなく、忍耐という知恵を持ってください。子供もお金も一夜にして大きくすることはできません。ゆっくりときめ細かな方法に従ってください。

それは、至福の利益と真の経済的成功を顕現するシークレットの一つです。クッションが大きければ大きいほど、あなたのリターンもまた大きくなるでしょう。

さて、ではあなたの富をどのように管理するか、さらに詳細にポイントを見ていきましょう。

お金を賢く管理する人は、さらにより多くの管理すべきお金を受け取ることでしょう。今、あなたはまだ賢いといえる段階になく、不慣れかもしれませんが、心配しないでください。それでいいのです。なぜなら、あなたは心を開いた初心者ですから。

お金を運用する知恵を身につけようとするあなたを阻止するものは何もありません。各レベルに慣れ、次に進む前に学ぶための時間はたっぷりあります。

いったん、この本に書かれている原理を理解し、全体的な見通しを持つことができれば、必要な情報はすべて手に入れられます。

単純に、近所にある証券会社または投資コンサルタントに電話し、段階的に投資するポートフォリオをはじめたいと伝えてください。おそらく、彼らは喜んでそのプロセスを説明してくれるでしょう。あなたの知らない用語については説明してくれますし、あなたが取り組んでいる各レベルにふさわしい投資も推薦してくれるはずです。

また、投資をしたいと思うときは、複数の会社のアドバイザーに相談し、バランスのとれた観点を持ち、信頼できる人を探すのが賢明でしょう。投資アドバイザーやプランナーも、お金や投資に関するセミナーを無料で行っていたりします。ぜひ、そういう機会を利用してください。知識はパワーなりです。

この本に示されたプランは、多層構造の貯蓄と投資を紹介しています。各レベルをもっとたくさんのセクターまたは商品に分散させるのは賢明なことでしょう。特に、第3段階の7～

9％の利率を超えたときに適用するといいでしょう。

私は12人の億万長者の人生を研究しましたが、彼らの投資はうまく分散されていました。その中にはペットのようにかわいがり、しっかり目を向けているものもありました。

もしあなたが一つの投資に全額を注ぐと、簡単に敗北を経験するかもしれません。分散させることで、リスクを減らすのです。一つの商品の損益は、他のものの増収により、トントン以上になるでしょう。ですから、あなたのポートフォリオは安定したままで、ピラミッドは成長しつづけます。

あなたよりもレベルの高い人にお金の管理を

あなたの至福の富が育ってくると、自然の流れとしてあなたのために富を管理する人が必要になるでしょうし、信頼できる人に管理をお願いしたいと思うでしょう。それに関してシンプルなルールがあります。

あなたより資産の少ない個人や会社にお金を預けないでください。あなたよりも低いバイブレーションの人にお金を与えると、どれだけ早くお金がその人の手から消えるかを観察していてください。なぜなら、彼らはそれをどう管理するかを知りません。

あなたのお金は確実に上向きに投資してください。下向きではいけません。あなたが

100万ドル持っているなら、すでにあなたのいるレベルを経験し、次のレベルへの上がり方がわかっている1000万ドル持っている人に投資することを考えてください。相手が学習途上にある人の場合、あなたがその学習の代償を支払うことになりかねません。あなたよりも賢くお金の管理ができる人を探して、あなたの富をより上向きにしてください。

楽観主義者と悲観主義者の二人のアドバイザーでバランスをとる

あなたの貯蓄および投資方法の成功を助けてくれるファイナンシャル・プランナーやアドバイザーを選ぶときは、一人ではなく、二人にすることをお勧めします。しかも、**あなたが真ん中でバランスがとれるように楽観主義者と悲観主義者を選ぶのです。**

商品主導型のファイナンシャル・プランナーはふつう楽観的サイドにいます。このタイプは、手数料を増やすためにできるだけ投資するように無意識にあなたを促すことがあります。このタイプの人しかいないと、その人のアドバイスに従ったとき、未来をバラ色に描くことであなたの現在の価値を超えるように仕向けられるかもしれません。

一方、税理士は通常現実的か悲観的サイドにおり、一般的には堅実です。高いリスクを負わないようにと促す傾向にあるので、あなたが高揚しないように手綱を締めてくれることに役立つ存在でしょう。しかしこのタイプだけに頼っていると、歩みを極度にスローダウンさせられるかもしれません。
そこで、楽観的なファイナンシャル・プランナーのところにアイデアをもらいに行き、そのアイデアの感想を聞くために悲観的な税理士のところへ行くという形をとり、両方の意見を取り入れるのがベストでしょう。これこそチェックしてバランスをとる方法で、両者が同意し、あなたの経験も加われば、おそらく手堅いチームをつくることができます。

最初の投資方法として不動産は勧めない

多くの人たちは不動産は安全な投資で、株式市場は不安定で油断できないと考えます。しかし、どんな市場も不安定な人にとっては不安定なだけの話です。今のあなたはそれにどう対処すべきか、もうご存じでしょう。

他の何でも同じですが、不動産にも高騰と下落があります。不動産を買うには大きな資金を必要とし、賢い貯蓄や投資が生み出すのと同様のリターンを必ずしも生み出すわけではありません。家を所有することに、預金を持つのと同じ心理的効果はありません。維持費やその他の隠れコストがあり、税金もかかります。家を所有したけれど、キャッシュフローの問題で現金が不足した経験はありませんか。そんなふうにすべての卵を一つの籠に入れていると、感情的に不安定です。賃貸物件への投資もまた別の代替案ですが、テナントに絡んだ時間の食われる問題がもたらされます。

私は、物件市場が好況のときに不動産の売買をするべきではないと言っているのではありません。それのみに頼らないでくださいということです。抵当ローンが可能であったとしても、現金を必要とした場合、下落時に売却を余儀なくされ、財政的後退に苦しむかもしれません。

それでは、多層構造の貯蓄および投資プランのどこに不動産を当てはめればいいのでしょうか。あなたの最初の家は、最初のクッション口座（運用するお金の準備口座）のレベルと第2レベルのちょうど中間で購入できますが、**唯一または最初の投資方法として私は不動産を勧めません。**自分でいろいろ注意していなければならないし、特殊な知識が必要だからです。

借金の返済を優先してはならない

なかには借金や利子支払いを減らすことだけに意識を集中させている人たちもいます。そして、借金から解放されたら、〝後で〟貯蓄しはじめようと思っています。しかし、**借金をなくすことは、預金が貯まるのを見るのと同じような心理的な励みにはなりません。**たとえ貯蓄から得る利息より借金の利子のほうが2％高くても、両方を行うことを勧めます。

あなたは借金を支払う方法を見つけるでしょうが、それにより貯蓄をはじめられるように自分を鍛えられるとは限りません。また、借金を支払うために貯蓄からお金を持ち出すのが賢いことだとも思わないでください。ほとんどの人たちは貯蓄を殖やすよりも借金を減らすことに価値があると見なすためにそうします。そして、まったくはじめから貯蓄をはじめるか、新しい借金をつくることがよくあります。

資産の見える化で不安感を払拭

あなたの運用すべきお金が成長しはじめたとき、しっかり目を向け、実際に何が起こっているかを見つめることはとても大切です。あなたがお金の運用に意識を集中させると、成長する傾向があるでしょう。まったくエネルギーを投資しなければ、おそらく停滞するか涸《か》れてしまうことになるでしょう。

あなたの資産運用を簡単に管理するソフトウェアを購入するのもいいでしょう。私のコンピュータにはマネー・マネージメント・プログラムが入っていて投資のすべてがリストされています。毎月どのくらい投資しているのか、これまでどのくらい利益を生んでいるのか、問題がある場合に連絡する電話番号、毎月の合計などです。

これにより、私が財政的にどのような状態にいるのか簡単に把握でき、どこが成長し、どんな利率で殖えているかがすぐにわかるのです。月末に各ページの更新と状況確認は20～30分程度でできます。

財政的にどんな立場にあるのかを知ることで、あなたはより確信をもって、アクションを起こさせます。逆に、知らないことは不確実性を生み出し、あなたをあたふたする状態に置いてしまうのです。

一時的な乱高下よりも、長期的な流れに視線を向ける——ドル・コスト平均法

人間の感情は何よりも富を築くことに影響します。株式市場に参入した投資家たちが、株が上がると興奮し、欲深くなり、もっと買いたいと思います。逆に持ち株が下がると、落ち込み、不安になって売りたくなります。それは長期的には賢い方法ではありません。短期的な感情によるアプローチであり、賢明なお金の運用とは完全に対極にあります。

投資には「ドル・コスト平均法」と呼ばれる原理がありますが、次のように働きます。たとえば、1株1ドルで100株購入後、市場が暴落し、1株50セントに下がったとします。それは悪いことですか？　あなたが堅実な価値のある企業の株を購入しているのであれば、そうではありません。もし新しい価格であと100ドル分買えば、同じ額で200株手に入るでしょう。

そこで、コストを足して合計を出し、株数で割れば平均が出ます（200ドル÷300株）。これで1株の平均価格を1ドルから67セントに下げたことになります。つまり、1ドルあたりの株数が増えましたから、必然的に市場が回復したときに、あなたはより多くのお金を儲けら

れます。
株の価格が上がった場合、それはいいことですか？　答えは「はい」、そして「いいえ」です。なぜなら、ここでもっと購入すると、1株あたりもっと高い価格を支払うことになります。ですから、感情的なリアクションとは逆に、ここであなたはとどまるか、株価が下落したときに購入するほうが通常はいいでしょう（やがて再び上がると信じられる理由がある場合）。また、場合によっては高値をつけたときに売るのもいいでしょう。

2年ほど前、私のクライアントの一人が持っている株が急落しました。そのクライアントはとても怖がっていたので、私は言いました。

「動揺しないこと。反動で売らないでください」

「売らなければ、損失が大きすぎるでしょう。これは理論ではなく、本物のお金なのですよ。わかりますよね」

「だめ、だめ、だめ！　あなたは短期的な不安とその影響力にリアクションを起こしているだけです。そのままにしておいてください」

「う〜ん、そうするしかないのだろうか。でも、僕の直感は……」

「だめです。それはあなたの感情、不安感が語りかけているのです。不安感と直感を混同しないでください」

私はそう答えました。**心から来る直感に耳を傾けていれば、苦悩を伴う不安感にだまされな**

ドル・コスト平均法を日本円で考えてみると…

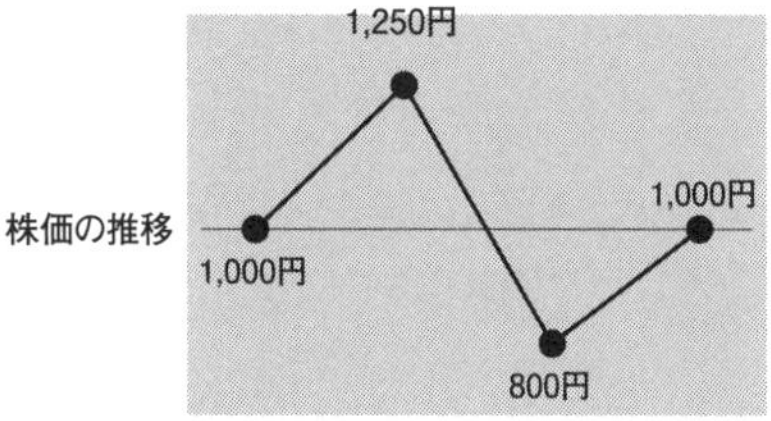

		1カ月	2カ月	3カ月	4カ月	合計	平均買付単価
毎月1万円ずつ買う (ドル・コスト平均法)	買付金額	¥10,000	¥10,000	¥10,000	¥10,000	¥40,000	¥987.65
	枚数	10枚	8枚	12.5枚	10枚	40.5枚	
毎月10株ずつ買う	買付金額	¥10,000	¥12,500	¥8,000	¥10,000	¥40,500	¥1,012.50
	枚数	10枚	10枚	10枚	10枚	40枚	

株価が上がっても下がっても、一定の金額で買いつづけると、平均買付単価を下げることにつながる。短期的な株価の乱高下で右往左往せず、長期的なプランに立って冷静に判断すれば株価変動リスクは下がるということ。

いでしょう。

やがて私のクライアントは落ち着き、売却せず、そして株も3カ月以内に価格を戻しました。株価が上がって2、3日して彼から電話がありました。「売らなくて本当によかったです。売っていたら大きな損害だったでしょう。あなたがいてくれて、気づかせてくれたことに感謝しています」

長期的な視点を失いそうなときに友人かメンターがいると、とても助かるのです。

市場の日々の変動に対してリアクションを起こすのは賢いことではありません。ピラミッド構造の基本は、あなたが長期的な投資家だということです。あなたは全エネルギーを市場に集中させるデイトレーダーではなく、たくさんの小さな動きから何割かを稼ぎ出そうとしているのです。市場が上がるか下がるかは、長期的にはさほど意味がありません。

歴史が示している通り、どれほど落ちようとも、時間が経てば市場はやがて以前の最高値よりも高いレベルに戻るのです。日々、あるいは月々で見ているとそれは乱高下しやすいものですが、数年、10年単位で見ていくと成長しています。

投資のマスターたちは時間というテストに持ちこたえてきました。数十年、数世代、数世紀かけて巨額の富を築いてきた個人、一族、組織は、これらの原理を知っています。

投資の鍵は、安定と忍耐です。お金を運用する天才として芽を出したばかりのあなたの仕事は、不安やうつろいやすいみんなの意識に耳を傾けることではなく、検証された原理を厳守することです。

短期間に枯れてしまう雑草のように、いきなり伸びようとしないでください。壮大でたくましい樫の木のように育ってください。

エクササイズ❶

あなたは今、毎月1000ドルの借金返済が終わる最後の月にいると想像してください。

今まで支払ってきた額と同じ1000ドルをすぐに貯蓄しはじめなければ、あなたのビジネスまたは所得は、その額とまったく同じ分だけ下がるかもしれません。必ず借金返済分を貯蓄に回してください。

そうでなければ、借金の支払いは前月で終わっていて、理屈では1000ドル余るはずなのに、奇妙なことに月末の収支が前月と変わらないということになりかねません。貯蓄に充当しない場合、不思議にビジネスが落ち込み、経費は増え、つまらないことにちょこちょこ使うか、その額を消費するような何かが起こることもあります。

借金の返済分を貯蓄目的に転換するという知恵を持っていれば、同じレベルの収入を維持しながら、新たな成果を出せるわけです。借金が終わりそうになるときはいつでも、その翌月から自動引落で同じ額の貯蓄をはじめてください。

他の人に支払っていた借金返済のお金を、あなた個人の富、夢に転換してください。これは、とてもパワフルなアクションです。

エクササイズ❷

もう一つ、お金に関する不思議で抽象的な一面があります。あなたには毎月思いがけない経費が出ていくということはありませんか。車の問題、家電の故障、家の修復、現金をなくす、盗られるなどということはありませんか。平均的な人にとって思いがけない経費は、毎月200ドルから600ドルになります。年換算すると2400ドルから7200ドルです！

このような思いがけないありがたくない経費に消えてもらいたいなら、あなたにとってそれらは月平均いくらかを計算し、その額を月はじめに預金口座に入れてください。

そのような突発的なお金が必要になると、払えないかもしれないと思いながら、いつもどうにかやりくりして結局払っています。ですから、その額を預金口座に入金してしまってください。これで、あなたはやりくりをしてしまったのです。

ここでの鍵は、無秩序を秩序に転換することです。あなたの精神に投資する自信と信頼があれば、トラブルが発生することは少なくなります。私が、この強制貯蓄を指示した人たちはみんな、思いがけないトラブルが少なくなっています。

第8章

ビジネスと収入を加速させる

The Business of Business

知恵とパワーの金言⑧

＊毎日、私は自分の価値基準と質を高める。
＊私は優先順位の高いもので人生を満たし、報酬を受け取る。
＊私は自分の価値以下のものは何も受け取らない。
＊私はインスピレーションを感じるビジネスの花をたくさん植えているので、雑草が生える余地はない。
＊私はプロだから、パフォーマンスの合間は練習をする。
＊クライアントが私の心にあるとき、私もクライアントの心にいる。

レベルアップを目指す――ピーターの法則

貯蓄と投資が進行しはじめたら、あなたの収入やビジネスの成功を加速させることに集中していきましょう。あなたが自分のビジネスをお持ちであるなら、この章はその急成長を助けることでしょう。もしあなたが現在雇用されている立場でも、おそらくあなたは自分でビジネスをはじめることになるかもしれません。この本で紹介する原理に従う人たちは、たいてい3年以内に企業家になっています。

ビジネスを築くための主な重要ポイントは、明確な意図や目的、インスピレーションを感じるビジョン、分かち合いたいという素晴らしいメッセージ、純粋な社会的要求、そして特定のニッチマーケットです。これらの原点から、最初に達成したいと願う経営戦略上の重要目標や実践プランが見えてきます。しかし、これらの目標に向かう前に、まずは、心についてマスターすることです。

あなたの内面にある精神的世界は、あなたを取り巻くビジネス世界に映し出されます。あなた自身の内面をどれだけマスターし、きちんと整えられるか。その程度に応じて、あなたはあなたのビジネスを取り巻く人たちの人生を把握し、組織化することができます。

真のビジネスリーダーとは、一貫性があり、内面が統合された人たちで、内面を意図的に組

織化し、リードできます。自分をコントロールできるリーダーなら、他の人もコントロールできます。

「ピーターの法則」と呼ばれることのあるビジネスの原理は、責任の一つのレベルをマスターすると、あなたは次のレベルに昇格するといいます。そして、昇格によりあなたは能力を備えていないレベル、またはあなたの能力を超えるレベルに行きます。

あなたは内面的秩序の整ったレベルを超えて上に行こうとはしませんから、そのレベルで一時的または永久に足踏み状態になります。足踏み状態を超えていくには、内面の秩序を発展させる必要があります。ですから、最初にどのように自分をマスターし、内面の秩序を発展させるかを見ていきましょう。そして、秩序ある管理とリーダーシップの段階に進みましょう。

無駄な時間はエネルギーや自信の落とし穴――価値の優先順位

私がカイロプラクターとして開業していたときのスローガンは〝心と脊椎を神様の意思に沿って調整し、いい気持ちにします〟というものでした。当時、私は大規模で勢いのあるビジネスを展開していました。

大きな事業を築けるように私を育ててくれた学びの一つが、患者たちを施術している間は、私は社員の仕事に関与していなかったことに気づかせてくれました。ところが、患者たちに施術していないときの私は、事務所に入り社員たちの仕事に首を突っ込み、問題がないか見ていました。ビジネスが低調になると、私は優先順位が低い仕事に気をもんでいることが多いことに気づきました。

暇なときほど魔がさすものだと言われます。ふらふらしているとき、あなたはいろいろなことを考えはじめ、疑い、不安、恐れ、心配がふつふつと湧いてきます。そうした無駄な時間はエネルギーや自信の落とし穴になることがあります。

優先順位の高いものが存在しない時間や空間は、自動的に優先順位の低いもので満たされていきます。そして、優先順位の高いものがわからない人は、低いものに引っかかってしまうでしょう。

このことに気づいたとき、私は暇な時間にできる〝優先順位の高いものリスト〟を作成し、患者さんと患者さんの間の時間を何か価値の高いことに気持ちを振り向けるようにしたのです。患者さんにお礼状を書く、患者さんの名前や家族や主な問題点、年齢や誕生日などを覚えました。患者さんからの難しい質問にすぐに答えられなかったら、それを書きとめ、答えのリストを作成し、記憶し、次回のために答えるリハーサルもしました。デスクに座ってゴールや夢のリストを読む、専門書を読む、あるいは新しいスローガンやマーケティング戦略を考えたものです。

〝心と脊椎を神様の意思に沿って調整し、いい気持ちにします〟というキャッチフレーズもそうやって誕生し、見事に成功しました。暇なときの心を傾けることのリストは13〜14ほどありました。このリストがあるおかげで、私は集中力を失いませんでした。何が起ころうと、やるべき価値のあることがあったのです。

優先順位の高いものに従って働くというのはかなりパワフルな動機づけになりますから、私はビジネスにおいてずっと適用してきました。トイレに行くときでさえ本を持ち、行きに5ページ、用を足している間に5ページ、戻ってくるときに5ページを速読しました。1日4、5回で60ページ強、インスピレーションを与えてくれるか役立つ本なら1週間に2冊読みました。「どうしてそこまで極端に時間にこだわるのですか」と人に尋ねられると、「あなたにとっては極端かもしれないけれど、僕は能率的だと信じています」と答えたものです。ただ、何がうまくいき、何がうまくいかないかを観察した結果なのです。

あなたは忙しいときのほうが、たくさんのことを成し遂げ、つくり出すということに気づいていますか。意識が集中して活動的であればあるほど、より長くその集中力を継続させ、より早く物事を成し遂げます。疑い、不安、または優先順位の低い活動に使われる時間は、あなたの達成プロセスのスピードを遅くします。あなたの心が集中力を失ったときは、見えてくるもののすべてが障害となります。あなたの心が夢に集中しているとき、あなたを妨げる疑念の時間はありません。

何年か前、私と同じような原理を応用していたファイナンシャル・プランナーをコンサルティングしました。彼女はすべてのアファメーションや夢をリストにして録音し、一緒に仕事をしたいと夢見ているすべてのクライアントを明確に定義していました。世界屈指の大富豪の何人かをクライアントとして持つことを心に決めていたのです。

どこへ行こうと、彼女はテープレコーダーとヘッドセットを持ち歩き、歩いていても座っていても、自分のアファメーションと夢に耳を傾けていました。誰もが彼女は少しとりつかれているようだと思ったのですが、その女性は同じ会社の他のファイナンシャル・プランナーの10倍は稼いでいました。彼女は暇な時間を許さなかったのです。

あなたの成功のために人生をかけて取り組んでくれる人など誰もいません。すべてはあなた次第なのですから、あなたの思考はあなたの夢を優先させてください。

私は自制心と価値の優先順位のおかげで、多くの同僚よりかなり儲かっていました。始業30分前に事務所へ着くと、まず目を閉じて座り、その日に起こってほしいことを視覚的にイメージします。電話機のランプがいくつ点くか、待合室に人が何人来て席を埋めているかなどを詳細にイメージし、それから自分自身を調整します。私が集中してシナリオを考えると、必ずその通りになります。

社員にも、想像上の患者を相手にサービスすることを日課にさせました。見えない電話に答え、見えない患者の身体を調整し、あたかも非常に忙しいかのようにすべてをこなします。そして、自分たちの集中力とエネルギーがチームを磨き上げ、魔法のように人々を引き寄せ、クリニックを大きくしたのです。

毎分毎秒を大事に使ってください。あなたの人生です。あなたが優先したい花を育てることに集中していない瞬間はすべて雑草を植えているのですから。さあ、どちらを選びますか。

自分で自分の時給を上げる努力を——人間の優先順位

何をやるにしても時間が必要となります。あなたの時間の価値を最大にするために、人との関わりにも優先順位をつけてください。自分があまり忙しくなく、あなたに時間をつくってもらいたいと思うような人たちは、あなたが誘いを断ると失礼だと考えるかもしれませんが、忙しい人たちは、あなたが優先順位を考え、賢く時間を管理しているのだとすぐに理解してくれるでしょう。

自分の時間に価値を置かない人は、つまらない話であなたの時間を取りたがります。つまらない話をする人たちと関わりつづけている場合、あなたの人生も小さくまとまってしまうかもしれません。**あなたの時間に料金をつけ、定期的に値上げすることにより、相手にもあなたがどんな人かわかるでしょう。あなたのスキルやその時間に価値があると考えるなら支払うことでしょう。**

それは、すべてのことに料金を請求しなければいけないという意味ではありません。なかには、あなたに価値を与え、フェアで同等の交換ができる人もいます。そのようなあなたが関わりたい人は、高次レベルのバイブレーションと共鳴しています。あなたが成長しつづけていて、友人がそうでない場合、もはやその人とは共鳴し合えず、同じような心を持つグループの人たちのところへ行くときが来るかもしれません。

私は成長することでインスピレーションが得られるため、自分が成長することに徹してきました。ですから、私の電話には「私は日々自分の質と基準を高めます」というメッセージが貼ってあります。

毎日、毎週、毎月、毎年、あなたの仕事の質と基準を高め、料金を上げるために励んでください。ビジネスを成長させる能力には、決意だけではなく、自分の価値のために立ち上がろうとする意欲も必要です。ときに、それが試練になることもあるでしょう。

かつてある紳士が私のヒューストンの事務所に電話をかけてきて、マネージャーに「ドクター・ディマティーニがニューヨークに滞在している間に、ぜひ昼食をご一緒したいと思う」と言ったそうです。こころよく承諾したマネージャーは会食の時間と迎えの場所を確認し、料金の1時間600ドルはクレジットカードか小切手のどちらで支払うか聞いたそうです。

その紳士は私は知り合いなのだと答えたそうですが、マネージャーが支払い方法を再度確認すると、小切手で支払うと告げました。

当日彼が手配した車に迎えられ、私はグランド・セントラル駅の上にあるクラブで素晴らしい食事をいただきました。その2時間、彼はビジネスの問題について私の知恵を吸収していました。そして、話が終わると、支払いのことは何も言わず、私のために送迎の車を下に待たせているると言うのです。

そこで、支払いの小切手の件を切り出すと、彼はなおも昔からのつき合いではないか、豪勢な昼食で十分ではないのかと言い出しました。私は、事前に約束したことと、支払うのは彼の義務だということをこの紳士に思い出してもらいました。

彼の期待は理解できないわけではありませんが、私はフェアな交換を信じていますし、コンサルティングのサービスを提供したわけですから、正当なことです。

その紳士は私の主張に一瞬気分を害したようですが、結局は支払ってくれました。

それから3カ月後、再びサービス依頼の電話がありました。このときはためらわずに支払ってくれましたが、前回料金について明確に告げていなければ、お昼をご馳走したらコンサルティングがしてもらえると思ったかもしれません。あなたの料金を明確にし、それを譲らないのは大切なことです。

私を昼食に誘うすべての人に料金を要求しているのではありませんが、この紳士は無償でコンサルティングを受けようとしていました。ですから、それに対峙しただけです。難しいことではありますが、自己価値を成長させているときは油断せずに気を配ることが大切です。積極的に自分の料金を明言してください。

直感的に正しいと思える料金より下に設定すると、あなたは自分を批判するかもしれません。また調子に乗って上にしてしまうと、結局正しいレベルに落とされるでしょう。自分の真価から外れようとすると、必ず学びを受け取ることになりますから、料金をしっかり決めて、それを守ってください。

不要な活動を取り除く六つの質問——能率と効果

自分が感じている価値よりも低い料金でサービスを施すとき、あなたは自分の価値や熱意を下げ、ビジネスの成長を遅らせます。あなたは馬車馬のように働いているかもしれませんが、能率的でも効果的でもないかもしれません。

そして、あなたが直感的に値すると思っているよりも低い価格に設定した仕事は、ビジネスの弱点になりかねません。モチベーションを害するだけでなく、能率の悪さと効果のなさが収益を減少させることもあります。優先順にどれだけ能率よく効果的に行動しているかが、あなたの価値を決定するのです。ビジネスに成功するのは、やることを愛する、愛することをやる、そして能率よく効果的に働く人たちです。

では、どのようにしたらビジネス行動を合理化できるでしょうか。そのためには、「人に任せられるのは何か」と自分に聞いてみてください。優先順位の低い仕事や、少ない収益の割に時間をとりすぎる仕事を人に任せるのです。**あなたは、あなたにしかできないことをやり、そのうえでもっと能率を上げましょう。**

任せるためには、時間をかけて誰かをトレーニングしてください。あなたのレベルに達するまでには時間はかかるかもしれませんが、いったんできるようになれば、気にかけなくてもすむようになるでしょうから、あなたはより優先順位の高い仕事にとりかかれます。

優先順位の高い仕事に集中していると、あなたの生産性は一段と高まり、エネルギーに満ち、やる気を残したまま1日を終えることができます。

次に紹介する六つの質問は不要な活動を取り除く助けになるでしょう。

①「今やっていることでやめられることは何だろうか？　何が不必要だろうか？」

普段習慣的に時間つぶしにやっていることが多いことに自分でも驚くかもしれません。なぜなら、どのように1日をより生産的に過ごすかを調べたことがないからです。お決まりの仕事に流されないでください。不要なものを見つけたら、手放してください。

②「何を他の人に渡すことができるか？」

社員が確実に自分の得意なことをやるようにしておくことで、社員のスキルを最大限に活かしてください。たとえばレストランでは、出迎えと案内は得意でも注文を記憶するのが得意ではない人がいるかもしれませんから、そのように仕事の担当を決めるということです。社員に得意なことをやらせると、たいていは最善を尽くしてくれます。

③「これを汎用化して、大量生産できるだろうか？」

何年か前、私は自分の紹介のためのカセットテープが2、3本必要だったのですが、1000本のコピーをつくりました。何回か使うと音質が下がってしまうのはわかっていましたから、こうすることで制作費、必要な時間などに煩わされることを回避しました。

④「何をやりすぎていて、何をやるのが足りないのか？」

この二つは同時にやってきます。社員に支払いすぎていると感じているかもしれませんが、どこでは支払いが足りていないか、もう一方の面を探してください。自分に対する支払いかもしれませんし、その人には過払いしていながら自分は十分にもらっていないためにイライラするのかもしれません。私の場合は、貯蓄が行われ、投資が育っている限り、社員がどれだけ稼ごうがあまり気になりません。けれども、彼らがごっそり稼いでいるのに自分がそうでなければ、少し抵抗感を感じて、自分に値するものを支払い、それに見合うように生産性を高めることを学ぶかもしれません。

⑤「何に向き合っていないのか？」

社員にきちんと向き合っていないと思うなら、社員に強く出る前に、あなたは他のどこかで過度に向き合いすぎていないか探してみてください。自宅で奥さんに怒鳴っている、抑えられている主張を子供に吐き捨てている、または犬にあたっているかもしれません。職場の人間に正面から対峙し、効果的に表現していたら、自宅での対応は穏やかになるでしょう。

⑥「最高の収益を上げるために、最も短期間に私が生み出せる商品は何か？」

いったんそれが何であるか明確にできたら、そこに集中してください。

あなたが目指すのは、高いパフォーマンスと高い優先順位です。これらの質問がその両方を実現し、努力に対してより大きな報酬を受け取り、１日の終わりのストレスが減り、やる気がいっそう高まるのを助けてくれるはずです。

社員のインスピレーションを高める——チェックとバランス、飴とムチ

一般的に、社員はあなたほどは仕事に対するやる気がないでしょう。もしそうでなかったなら、とっくに自分で会社を興しているはずです。本当にやる気のある人は希にいるのですが、

そういう人たちは自分の夢を追って、そのうち辞めてしまうでしょう。ですから、社員として残ってくれる人たちは、会社の目的よりも、自分の喜びを求め、苦しみを避けることにより、モチベーションを高めるのが一般的かもしれません。

こうした社員には、賞賛と批判を同等に向けることで、より能率的に管理するといいでしょう。下がりぎみの人をサポートし、上がりぎみの人に難題を与える――巧みにこの二つのバランスをとることができれば、より能率的に管理できます。

ところが、最善の管理術は飴とムチを超越したものです。それは、ひらめきややる気、ときめきを起こす力、つまりインスピレーションを与えるのです。

他の人にインスピレーションを与える最善策は、あなた自身がインスピレーションを感じることです。しかし、あなたも24時間インスピレーションを維持できませんから、チェックとバランス、飴とムチが同じだけ必要になります。ビジネスにあなたの感情をさしはさむことがないように、賞賛と批判を同等に与えられるようにしてください。

雇うならどっち!?――スキルvsインスピレーション

「どんな給料でも、何でもします。あなたの好きな額を支払ってくれればいいです」と言うような人を雇わないでください。職を得ようと必死になっている人を雇うと、あなたのビジネスにそれが広がってしまうでしょう。「過度なストレスのない状態で心地よい生活をするには、どのくらい必要ですか」と、雇う前に応募者に聞いてください。月３０００ドルを支払う仕事に空きがあり、そこに４０００ドル欲しい人を雇うのは、一般的に賢明ではありません。

すぐに昇給する予定があるなら別ですが、そのような雇用をする場合、あなたはやけくそなエネルギーをビジネスに引き込み、社内に広げてしまうでしょう。結局、解雇する羽目になり、お互いにストレスになりますし、会社にとっては損失です。

ですから、やけくそではなく、やる気やインスピレーションを感じる人を雇ってください。

かつて私が求人広告を出したところ、二人の応募がありました。一人は立派な経歴の女性でしたが、私たちの業務に関心がありませんでした。もう一人は資格などは持ち合わせていませんでしたが、求人内容は彼女の夢そのものの仕事でした。

一方は熱意がありましたが、他方は活気がなく冷めていました。そこで、私はこのとき、スキルではなくインスピレーションを選択しました。**スキルはトレーニングできますが、インスピレーションを高めるのは簡単ではありません。**履歴書だけではなく、時間をかけてその人全体を評価してください。

報酬に見合う責任

人を雇うということは、あなたが支払う分だけあなたは手に入れているということだと覚えておいてください。ピーナッツしか払わなければ、サルしか手に入りません。その人の価値より少なめに払おうとすると、その人は当然気分を害し、あなたのビジネスを落ち込ませるでしょう。逆にその人の価値より多めに払おうとすると、その人は申し訳なさを感じて悩みます。長い目で見た場合、より賢く効果的なのは、その人の真の価値に価するものを支払うことです。そうすることで、その人は自分のセンターを維持しやすいために、あなたはより生産性の高い、忠実な社員を得ることになります。

社員の昇給をする場合、必ずそれに見合う責任を与えてください。**無償で何かを得ると人は自己価値を損ないますし、またその社員の生産性と価値によってあなた自身も昇給しないならば、ビジネスにとっては効果的ではありません。**

かつて私は、本を執筆するための調査メモをタイプしてもらうためデビッドという青年を雇っていました。彼は中程度のスキルが必要な中位の価値のポジションにいましたが、そこに長くいればいるほど、昇給を期待するようになりました。そこで、私は彼に説明したのです。

「君が仕事の責任範囲を広げ、常に生産性を高めない限り、インフレ相当の調整以上に昇給を申し出る理由は何もないよ」

「でも、僕はこれ以上のものはやりたくありません。今やっていることが楽しいのです」

「君がさらに責任の範囲を広げる意志がないのであれば、昇給してあげられないな。1年こにいるからという理由だけで昇給は保証されない。会社へさらに価値をもたらすことを示してくれれば、僕はそれに見合うように昇給させるよ。君個人に問題があるということではなく、それがビジネスなのだ」

私はそう言いました。すると、彼は自分の選択次第だということに気づきました。

もし彼がもっと受け取りたかったならば、彼はもっと生産する必要があったのです。人生の成功も、まさにそんなふうに手に入れるのではないでしょうか。

できると思うよりも少し多い仕事を与える

自然の基本原理はビジネスと同様で、意図的に存在目的または存在理由を破壊する、あるいは意図的に絶滅を引き起こす有機体も組織もありません。これは組織に従属する部分にも適用できます。社員たちに1日を満たす十分な仕事がない場合、彼らは意識的か無意識的に確実に仕事を維持する方法を見つけるでしょう。

デビッドにもこんなことがありました。私が調査の素材を積み上げて渡し、1日30ページタイプしてくれることを期待していました。しかし、私が出張していると、彼に渡される素材は減り、彼の生産性は落ち込みました。そしてまた、カタツムリのようにのろくなり、修正が必要な間違いをし、不思議と機械は壊れ、事務作業や返事を出すべきメールを探し出します。いつも何か問題が浮上して、彼の1日を埋めていくのです。しかし、私が帰社し、調査素材をどっさり渡すと、彼のアウトプットは魔法のように上がります。スピードは加速し、仕事の山が終わりになるまでに35、40、50ページと増えていきました。

つまり、彼は無意識に仕事がなくならないようにしていたのです。**需要が減ると簡単に気がそれ、不安になり、社員の生産性が下がるのです。**

社員とあなた自身を管理し、忙しく集中させ、インスピレーションを感じられるようにしておくのもあなたの仕事です。社員に生産力を持ってもらいたいならば、本人ができると思うよりも少し多く仕事を与えてください。そうすると、本人ができると思っていた以上に仕事をこなすでしょう。

社員やクライアントとの距離のとり方

社員やクライアントとあまり親しくなりすぎないでください。彼らの個人的な生活を知り、親しくなりすぎると、優秀な管理者になれないでしょう。社員と個人的に関わりすぎると、あなたは権威を低下させます。クライアントと親しくなりすぎると、お金をいただく能力を減少させます。管理と集金はともに権威によるものですから、それなしでは効果的な管理も集金率も後退するでしょう。

あまりプロ意識がなく、社員やクライアントから「○○さ～ん」と呼ばれるようになることは、大きなビジネスを築く助けにはならないでしょう。反対に、プロ意識ばりばりで人間味がなく、近づきがたい人として振る舞っているのも、やはり助けにはなりません。「はい」と「いいえ」を同等に言うことができる――その能力により人は敬意を築きます。いつでも「はい」と言うことでより好かれようとすると、自分を矮小化し、自分に腹が立ちます。**人を怒らせるか自分を怒らせるかの選択を迫られたら、必ず他人を選んでください。**他の人はいつかいなくなりますが、あなたは一生あなたとともにいるのですから。

ビジネスをうまくいかせる七つのポイント

必死に働いたからといって、必ずしも自動的にビジネスが成功するわけではありません。賢く働くことが重要なのです。以下は覚えておきたいビジネスの重要戦略です。

◉――料金の値上げ

明確さと確実性を手に入れるために、ビジネスの詳細や経費のすべてを知っていることはきわめて重要です。財政的にあなたが今どういう状態にあるかを知ることは、あなたがどれだけ柔軟でいられるか、あるいは引き締めてかかるべきかを教え、愚かな決断から守ってくれます。

時間をかけて総経費を調べ、あなた自身やビジネスのいろいろな部分の真価を決めてください。それは、長い目で見てかなり見返りの多い作業で、無駄に過小評価したまま働かなくてすみます。

たった1日をさいて、すべての年間経費と利益を調べるだけで、どの部分が効果や能率が低いのか、どこで過小請求し、過重支払いをしているか、利ざやはどうか、どこに最大の利益が見込めるのかがわかるでしょう。自分の実質価値を知っておかないと、安売りしてしまうことになります。

では、商品やサービス、アイデアの料金を、どのように値上げするのでしょうか。それには、クライアントが受け入れやすいようにゆとりをもって事前に通告しましょう。そして、料金を値上げするときは、相手が認識できる追加価値を差し出してください。確実に何か追加価値があり、心からフェアな取引だと感じると、価格引き上げの過程はずっとスムーズになります。

料金を上げる前に、クライアントから受ける可能性のある反感リストをつくり、各項目に五つの応答を書き出して記憶してください。一つがうまくいかなければ、次の答えを差し出してください。リストの準備ができたらプリントアウトし、社員にも渡してください。

効果的な応答を記憶しておかなければ、クライアントはあなたに挑んでくるでしょう。プロのアスリートやミュージシャンたちは、ゲームの合間やコンサートの合間に何をするのでしょうか。そう、練習です。プロがパフォーマンスの合間に練習するように、プロのビジネスマンも応対の練習をするのです。

◉――最優先事項

数年前、かなりパワフルなビジネスマンのコンサルティングをしました。数社にまたがり、数千人の社員を抱えている人でした。子会社の一つはオムツ製作会社で、他にも彼の工場はたくさんの有名デザイナー向けの洋服を生産していました。彼は裕福でとても素敵な男性でした。あるとき夕食をともにしながら、私は彼に聞いてみました。

「あなたの並外れたビジネスのシークレットは、いったい何でしょうか」

「まず第一に覚えておくべきことは、やることはすべて最優先事項だということです。最優先事項以外のことをしていたら成長しないですからね」

彼はそう言いました。彼は賢明でした。私のクリニック経営の経験からわかったことは、予約の間に隙間の時間があると、隙間の前後の患者が時間をとり、そこを埋めてしまうということです。空白の時間は優先順位の低いものに食われてしまいます。ところが、予約を隙間がないように埋めておくと、患者の流れはより速く、よりスムーズになるのです。

1日のクライアントの予約や業務が少ないならば、できるだけ短い時間枠に凝縮してください。そして、あなたのエネルギーや能率性が高まるのを観察してみてください。凝縮する時間枠の大きさが拡大するにつれ、あなたのビジネスは伸びるでしょう。

◉――アップ&ダウン・サイクル

あらゆることは周期的に起こります。繁栄しているのに気づくと、あなたは高揚し、楽観的で無頓着で、優先順位の低いものに集中してしまう傾向があるでしょう。典型的にはあなたを繁栄させた行動をやめてしまうため、あなたへの供給は上がっている一方で商品または時間の需要は下がるでしょう。

逆に不振に気づくと、あなたは落ち込み、悲観的で忍耐力がなくなるでしょう。それから初心に返り、もう一度目的を意識して行動します。需要が上向きに戻り、供給が下がると、あなたはサイクルの繁栄サイドのほうへ戻るのです。

それはサイクルであり、あなたが自制心を発達させるまで、お金の短期的急降下は避けられません。ですから、アップ&ダウン・サイクルを心から受け入れ、振り幅を緩和してください。儲かってきた、高揚してきたと感じはじめたら、集中力を取り戻すときだということです。

ピークにいるときは、底辺にいるときよりもやるべきことを実行してください。あなたがアップしているときは、あたかもダウンしているかのように行動してください。そして、あなたがダウンしているときは、あたかもアップしているかのように行動してください。振り子の揺れをうまく中和して、成長しつづけてください。

◉——今日やっただろうかチェック

アイラ・ヘイズは成功法則の権威でした。パワフルで効果的なビジネス・アイデアを発見するたびに、彼はそれを書き取りました。そして、どこへ行こうともオリジナルのリストを持ち歩き、日々更新し、目を通していました。

私がアイラから学び、つくり出したものが、"Did I"(やった?)と呼んでいる、卓越性を磨くための自己チェック・リストです。ビジネスの成長の助けになることを発見したときはいつでも、それをリストにつけ加えました。そして今では、毎日の終わりにそのリストを見直しています。

□今日、私に与えられた恵みを数え、感謝することに集中したか?
□今日、1日の行動をリストにし、優先順位をつけたか?
□今日、優先順位に従って行動したか?
□今日、相手の価値観の立場からコミュニケーションをしたか?
□今日、話している間にハートからの思いを分かち合ったか?
□今日、少なくとも1枚の感謝の手紙を書いたか?
□今日、私の富は成長し加速したか?

このリストのどれもが効果的で重要であることは、私自身が証明済みです。何かやり損ねたことがあれば、私はメモを書き、デスクに貼っておきます。〝やった? チェック・リスト〟

は、私にとっては日々のパーソナル・マネージャーであり、非常に役立つツールです。

●――フィードバック

あなたの商品やサービスに関して、必ず今後の参考になる感想＝フィードバックをもらってください。それは、あなたがやっていることとやり方を洗練させ、進化しつづけるためです。すべての提案に素晴らしい価値があるというわけではありませんが、とてもありがたいフィードバックを受け取れる可能性があります。

頼んでもいないアドバイスに必ずしも価値があるわけではありません。「こうすべきですし、ああすべきです」と私に言ってくる人がときどきいますが、「あなたは世界中を回ってセミナーをしているのですか」と聞くと、そういう人に限って実体験がないのです。

こういう人には適切なアイデアが出せないという意味ではありません。経験者や、すでに成功した人からカウンセリングを受けるほうが賢明であり、無料のアドバイスにあまり期待しないほうがいいということです。

●――仕事と遊び

ビジネスをしている間に、仕事と遊び、深刻さとユーモア、悲劇と喜劇の瞬間をあなたは経験することでしょう。あなたが賢ければ、それらはすべてを同等に受け入れるでしょう。どの組み合わせも、あなたがセンターを守り、集中していられるようにしてくれます。ビジネスを深刻にしすぎた場合は、バランスをとるために社員がふざけたことをやらかすか、あなたは遊び心を解放するために休みたい欲求に駆られるでしょう。

仕事と遊びを一緒にしてください。そうすると、あなたも社員ももっと統合され、エネルギッシュになり、インスピレーションを感じるでしょう。人生の目的は生きること、つまり生命そのものですから、完全な形にするには仕事と遊びの両方が必要なのです。

●――ハート(真心)を込める

自分の今の状況や、あなたが提供する商品またはサービスについて心から感謝し、価値があると考えると、他の人もそうしてくれるでしょう。インスピレーションを感じながら考え、意識を集中させることを、あなたは人生に引き寄せます。天から降りてくるインスピレーションの邪魔になるものはきれいに片づけてください。

感謝したりインスピレーションを感じることが、富を築いたり幸福をもたらすのです。それは、ビジネスの基本法則です。あなたの心の奥を占める思いがクライアントではないなら、あなたは心の底からビジネスのことを考えていないということです。クライアントがあなたの心にあれば、あなたもクライアントの心にいられるのです。

エクササイズ❶

「あなた方の中で、上司または雇い主の目に自分がどのような立場として見えているのか、もっと知りたいと思う人はいますか」

かつて1000人の社員に、このように聞いたことがあります。すると、全員の手があがりました。社員の欲求不満の一つは、自分がどんな立場に立っているのかわからないということです。ポジティブとネガティブのバランスのとれた評価によって導くと、人はより自分のいる場に集中するようになります。長所と短所の両方を知っていると、そこをどのように適用するか、または利用するか話し合えます。

以下に説明するの社員評価表には素晴らしい効果があります。社員本人がどんな立場に立っているかが正確にわかり、生産性向上を実現します。

あなたが社員に期待する特性をすべて箇条書きにし、社員に理解してもらってください。それから、四半期ごとにあなた（または社員の管理者）が各社員と面接し、リストをチェックしてください。

あなたと社員の両者が社員のパフォーマンスの評価を行います。まず社員からはじめます。リストの一つずつについて、数値で評価を表してください。1＝劣っている、2＝ふつう、3＝良い、4＝優れている、というように。

私のリストには38種の特性があり、次ページが評価方法です（152点満点）。

73以下	不満	免職
74～85	見習い／試用期間	功績昇給0%
86～101	平均以下	功績昇給2%
102～117	平均	功績昇給4%
118～135	平均以上	功績昇給8%
136以上	優秀	功績昇給10%

この評価を四半期ごとに実施すれば、社員はモチベーションや自己管理力をより高めることでしょう。昇給のとき、社員がそれに値するか、そしてなぜかがわかるでしょう。

エクササイズ❷

ビジネスには資本金が必要であり、ときに負債を伴うこともあります。

その際、以下の負債のルールを適用してください。

① 貸し手に感謝してください。その人たちは、あなたやあなたのビジネスを信じ、投資してくれた人です。
② 負債の支払い額を時期単位の金額に換算してください。
③ 負債をクライアントへのサービスに変えてください。

あなたは銀行に10万ドルの負債があり、返済は月額2100ドルで5年間だと想像してみてください。ふつうは「あー、10万ドルも借金している！」というように考えてしまいます。

しかし、あなたは1日1000ドル生み出し、1日に10人のクライアントに会うか、10件のビジネス取引を行っているとします。ということは、クライアント1人につき100ドル。月20日働き、経費が50％なら、ローン返済のために必要なのは1日2.1人のクライアントになります。負債をそのように見てみると、それほど圧倒されません。

負債がどのくらいでもいいですから、合計しサービスに換算してみてください。負債と考える代わりに、どれだけのサービスを提供するのかという点に意識を向けましょう。

負債に集中し心配していると、あなたの心の状態がチャンスやビジネスを追い払ってしまいます。クライアントにサービスすることに集中していると、あなたの負債が減るのです。

“死んでもらいたい”もの（負債）に意識を集中させないでください。“生きていてもらいたい”もの（クライアントの成長）に集中してください。あなたが重荷に感じているものは何であれ、あなたがインスピレーションを感じるものに転換してください。あなたがインスピレーションを感じるものに集中し、利益と富が成長するのを見ていてください。

第9章

リタイアする人、一生現役でいる人

The Myth of Retirement

知恵とパワーの金言⑨

＊私の精神の光は、年を重ねるとともに明るく燃える。
＊人の役に立つサービスが私の人生であり、私の人生は実にうまくいく。
＊私は役に立ち、もっとサービスすることに生き甲斐を感じる。
＊小さなアクションは小さな人生を。大きなアクションは大きな人生をつくるため、私のアクションは巨大である。
＊私には提供すべきサービスや愛する仕事があり、リタイアの余地はない。
＊私は与えられているすべてを使い、私ができることすべてをやる。

ハッピーリタイアは神話である

時間や老化に関して思い違いが蔓延しており、無意識にそれを信じていることが人生や未来を先細りさせます。しかし、その思い違いを見抜くことができれば、人生は長くなり、あなたの価値に富を加えられます。

若さは、老いて死に向かっていく忌まわしい時期が来る前の楽観とエネルギーに満ちたこの世の天下だと多くの人たちが信じています。しかし、あなたがそう信じない限り、それは真実にはなりません。あなたには選択するパワーがあります。この悪質な迷信は、人生や人間の可能性とはほとんど関係がありません。年を重ねることが唯一の決定要因ではないことは確かなのです。

あなたの中には、あなたが意識できるようになる前から何か特別なことをしようとするビジョンや魂の叫びがあります。**輝きなさいと告げる神聖なインスピレーションを、肉体の年齢が邪魔することはできません。**肉体というキャンドルがゆらめこうとも、この精神の光が絶えることはありません。

あなたの内深くには素晴らしい存在があり、あなたはそれを分かち合い、そしてその存在そのものになりたいと心から望んでいます。

誰にでもこのインスピレーションがあり、それはあなたの思考を超越するものですから、尽きることはありません。それは神の一部ですから、老いることも死ぬこともなく、あなたの自然な真実の姿なのです。20歳、50歳、あるいは80歳でも関係ありません。あなたには不滅の目的があり、その達成を求める夢があります。

第4章でも紹介しましたが、人生を変えるインスピレーションとビジョンを私に与えてくれた93歳の男性に出会ったのは、17歳のときでした。彼のビジョンはあまりに明確で、彼はその確信を触れ合うほとんどの人たちに伝えていました。ゆるぎない目的を持った人に出会うとき、インスピレーションを受け、導きを受けるのは自然なことです。それはまるで、植物が生きるために太陽の方向へ伸びていくようなものです。

この男性の叡智は年の功と経験とビジョンの結果でしたが、彼は年を重ねるとはどういうことなのかについて私の考えをまったく変えてしまいました。それ以来、私が出会ったモチベーションのきわめて高い生気にあふれた人たちは数え切れません。いわゆるリタイアの年齢をとうに過ぎた人たちに出会い、私は恵みをいただいてきました。

この章は、世界の役に立ちたいという尽きることない魂の向上の物語で構成されています。どの話の中でも、人々はリタイアの神話に直面するのですが、自分のためというよりも、もっと偉大な存在〝サムシンググレイト〟のために生きるという真実を発見しました。この人たちの経験はあなたにも私にも、誰にでも当てはめられます。

なぜなら、私たちはみんな同じなのです。時間はなくなるのではなく、あなたがインスピレーションを締め出してしまうだけです。

もしあなたが定年に近づいているなら、これを読むには完璧なタイミングです。そうでないなら、早めに社会通念を超越し、考え方を変え、あなたらしい未来を顕現するチャンスになるかもしれません。

定年という社会通念の嘘

2、3年前、ダラスでの〝ブレイクスルー体験プログラム〟に、72歳のある紳士が参加していました。彼は退職して7年になり、ほとんど毎日何もしておらず、友人からこの2日間のイベントに参加したら何か得るものがあるだろうと勧められて来ていました。

初日、何をやるときでも彼の気持ちは入っていませんでした。私は彼の心に触れられませんでしたが、「まぁ、若い人たちにはいいのだろうが、使命や達成や運命のようなものは、私のような年齢にふさわしくない」という信念が彼の心の中にあるのはわかりました。

プログラムの核になるイベント〝自己改革のプロセス〟を彼がやっているとき、私は横に座りました。彼のハートがこもっていないのがわかりましたから、私はワークをやめてもらい、彼に質問しました。

「この地球上で、あなたにはもうやるべきことが何もないと本当に信じていますか。僕はあなたのエネルギーや精神を見ていますが、周りと関わらないし、今ここにいないようです。まるで、それは死んでいくようです」

「そんなにあからさまですか」

「はい。僕に見えるのは、夢やビジョン、インスピレーションや目的を失った、死に向かっている男性です」

あなたがハートから何かを話しているとき、人にはそれが通じると私は思いますし、通常の〝容認できる〟範囲を超えるところまで心を開いてくれます。

彼の目が少し潤んできて、言いました。

「人にそれが見えるなんて思いもしなかったが、それは私が感じている通りですよ。今は、友達がなぜここに来るように言ったのかわかるような気がします」

そう言って、彼は下を向いて泣きはじめました。

私は彼の変革のプロセスを手伝い、最終的に彼は深く動かされました。そして、長年閉ざされていた彼のハートが再び開いたのです。

その夜、彼は家に帰り、人生の残りを捧げてやりたいことについての夢を見ました。あと10年、20年、30年あるのかわからないけれど、彼の人生は再び尊いものになり、彼はどんな瞬間も無駄にしたくないと思いました。

翌日やってきたときに私は彼の好きなことを明確にするのを助け、そして、彼に夢について書きはじめるように言いました。

すると、突然彼はインスピレーションを感じたのです。それまで暗闇や静寂に閉ざされていく様子しか見えなかったところに、可能性や才能を見出しました。

コースが終わるとき、彼は私にハグをし、礼を言って帰って行きました。それから9カ月、私が再びダラスで講演を行うまで何の音沙汰もありませんでした。

講演が3分の2ほど終わったところで、部屋の後方の扉が開き、この紳士が入ってきて後部席に座りました。最初に彼に会ったときはとてもカジュアルないでたちで、いかにも小さな町から来た特別な外出をすることもない退職した男の人という感じでした。ところが、その日やってきた彼は、立派な装いでした。見るからに美しい身なりで、彼の表情はあのときとはまったく違っていました。目がきりっとして、生き生きとしたエネルギーを感じさせ、隙がありませんでした。

私が講演を終え、本にサインをし、握手を交わしている間、彼は最後まで待っていてくれました。

私が近づくと彼は立ち上がり、自分を覚えているかと言いました。彼はまったく別人に見えましたが、当然、私は覚えていました。彼は私の目をまっすぐ見て、手を取り、静かな強さを込めて言いました。

「僕はビジネスをしています」

人生はもう終わりだ、65歳で引退するものだという社会通念を信じてあきらめかけていた男性が、今ここで活躍していることに私は感動しました。その信念は人間のハートや精神から来るものではありません。彼は自然な流れではなく一方的な思い込みにより死に向かっていたことに気づいたのです。

それから、偶然と人が呼ぶ一連の出来事――実際は宇宙の力です――が起こり、彼はセミナーに来て、目覚め、再び光を発したのでした。

彼は、昔の同僚である同年代の友人と一緒にコンサルティング会社をつくり、成功し、その仕事を愛していると話してくれました。毎朝、目覚めとともにインスピレーションを与えてくれるものがあると言いました。人とのつながり、チャンス、チャレンジなど、年老いた自分には二度と経験することがないだろうと思っていたことです。

1年前よりも若さとバイタリティを感じ、退職する前よりもお金を儲けていると彼は言っていました。

彼は生き生きして見えましたし、人生にインスピレーションを感じていました。偉大な真実を知り、そしてその男性によって明らかにされたのを見ることは、私にとっても深い感動でした。**もう筋肉を動かせないくらいまで身体を使い果たすまで、人間の魂には素晴らしいことをしたいという涸れることのない衝動があるのです。**

仕事をしないと急激に自己価値が下がる理由

この世の中に対するあなたのサービスと、それに対して受け取りたいと思うものはあなたの自己価値のバロメーターだと言いました。

ですから、仕事を辞め、サービスをやめてしまえば、稼がず、買わず、どんな形であれ、精神や物質を他の人と交わし合わなくなれば、あなたの自尊心、自信、自己価値は急激に落ち込むことでしょう。

これは、時期が来る前にあなたが人生をあきらめないようにし、生命の営みを維持させるために神がデザインした仕掛けなのです。何をどれだけ成し遂げたかに関係なく、誰にでも適用されます。

かつて私がコンサルティングした男性は、世界でも比較的大きな金融機関の元CEOでした。30年に及ぶ優れた功績と裕福なキャリア人生を終え、彼は権威ある大学の学長になりました。その地位には多くの特権があり、かなり栄誉のあるものでしたが、慎ましい報酬で、公式行事やPR業務も要求されていました。

彼が事務所に来たとき、表面下に、洗練された外観にふさわしくない何かがあることを私は直感しました。

この紳士にどうなさいましたかと尋ねると、突然彼は前かがみになり、両手を膝の間にはさみ、肩を落とし苦悩の表情を浮かべ、ぼそぼそと話し出しました。

「わからないのだ！　いったい何が起こっているのかわからんのだ。ずっと自信満々で活動してきたのに、突然、取るに足りない人間になったような気がしています。かつては金融マンでしたが、今の私は大学の学長です。しかし、退職してから不安なのです。私はいつでも自分のやっていることがわかっているのだと人に信用させる、まるでそんなゲームを30年間やっていたようです。ところが、今は自分がやっていることをわかっていない気がして、そしてみんながそのことをわかってしまうのではないかと恐れています」

「では、あなたが心からやりたいことは何でしょうか」

「モチベーションか、心から生きがいを感じるものか、今の新しい職に加えられるものを見つけなければなりません。退職してから励みもやる気も失いました。なんと言うか……」

そう言うと、かつて国際的な金融の舞台でパワフルなリーダーだった男性は泣きそうになりました。

「あなたがこのように感じているのは、かつて世界に提供していたようなサービスを提供しておらず、そのときほどの報酬を得ていないからだと思いますか。もしそうなら、今あなたが経験していることが、生産性を感じることの重要さとやり甲斐のなさが致命的だということを明示しています。人の役に立っているということは、最も見返りがあり、生きがいを感じる活動の一つです。自分という小さな枠を超越するサービスを提供し、それに対する報酬を得ることは生きている実感を与えてくれます。

今はうちひしがれておられるのでしょうが、それは簡単に変えることができます。あなたは今までの人生で、ずっと生産的で複雑な仕事をされてきましたし、それはあなたに合っていました。今、あなたが心からやりたいこと、あなたが卓越していることをやるときです。そうすれば自己疑念は消えるでしょう。あなたは何を心からやりたいのでしょうか」

持っているものだけではなく、やることも、あなたが自分について感じることに影響します。

あまり多くのことをしていない場合、やがて自分は大したことないかもしれないと思い込む危険性があります。

私は、この紳士が心からやりたいことを見つける手助けをしました。それは、彼が人生を通してマスターしてきたスキルをお互いの利益と成長のために大学内の他の人たちと分かち合うことです。

彼は自分のできるサービスで役に立ちたかったわけですから、あっという間に見つかりました。リタイアしたのだからという幻想により、自分を押さえ込んでいただけなのです。このセッションを終えて、彼は言いました。

「ありがとう。今、すべて腑に落ちましたよ。しかし、そんな人生の基本的原理に気づかなかったとは、自分でも信じられんね。今の私には、生きがいが必要でした」

なぜ、退職後2、3年で亡くなる人が多いのか？

意義深い充実している仕事を失うと同時に自信をなくし、自己喪失することはよくありますが、誰もがそれに陥るわけではありません。なかには幸運なことに退職する前に気づき、その心構えをする人もいます。

何年か前、私はボストンのローガン空港に降り立ち、講義をする予定のヒルトン・ホテル行きのシャトルバスに乗りました。ホテルまでの10分ほど、車内には65歳ぐらいの運転手と二人きりでしたから、自然に会話がはじまりました。すると、この仕事が好きで長年やっているけれど、もうすぐ定年だと彼は笑顔で言いました。

「知っていますか。人生のシークレットは、定年にあなたの仕事の邪魔をさせないことですよ。退職後18～36カ月の間に、生きがいや心からやりたいことのない人の多くが亡くなるという統計があるのをご存じですか。あなたの生きがいになる大切なことは何ですか」

私がそう言うと、その男性は一瞬沈黙し、それから言いました。

「そうだな。ゴルフをやって、小さな趣味のようなことをするつもりでいます」

「小さな趣味は、人を小さくさせてしまいます。生きる目的を持たなければ、人生は後退してしまいます。自然は古い仕組みを捨て去ったりはしません。ただ新しいものをその上に築くだけです。経験により獲得したもので無駄になるものはありませんから、捨てたりしません。無駄なものなどないのです。あなたの人生は、より素晴らしい存在になるための、さらに貢献するチャンスの可能性を築くための、学びの経験がいっぱい詰まっています。この身体を去るその日まで、生産的でいられる能力をあなたは持っています」

こう話すと、彼は黙り込み、何となく落ち込んだ感じでした。ホテルに到着すると、彼は私のかばんを取り、言いました。

「あなたはお若い方だが、人を煽るのが非常にうまい人ですね。私はしばし本当に考えさせられました」

私はその日から、1年以上ボストンを訪れることはありませんでしたが、数年後、同じホテルを訪れたとき、迎えてくれたのは誰だと思いますか。あの同じ男性がシャトルバスを運転していましたが、何かが違っていました。彼の気持ちはリタイアに向かっていなかったのです。彼らしく同じ職場で現役でした。

「僕を覚えていますか。1年前にも迎えに来てくれ、あなたの退職について話をしました」

「おー、そうだ！　あのときの方ですね。あの後何が起こったか話してもいいですか。あの夜、家に帰って、私は非常に落ち込んだのです。ふさぎ込み、苦しくて、自分がわからなくなりました。地獄のような晩でした。それから妻と、あなたが言っていた小さな趣味や死や人生のことを話しました。すると、彼女が涙を浮かべました」

彼の妻は、彼が退職したらまさにそうなるのではないかとずっと心配していたそうです。一方彼は、思っていた通りに退職しなければ妻をがっかりさせるのではないかと考えていたのですが、新しい思いを妻に告げると、彼女はよく理解してくれました。

女性が直感的に理解することでも、男性は学ぶのに時間がかかることがよくあります。その晩、二人はベッドで語り合ったそうです。

彼は人生を振り返り、これから何をするのだろうか？　仕事がないとモチベーションや生きがいを失ってしまうのだろうか？　本当にそうしたいのだろうか？　そうした大きな質問に目を覚まされて、ただただ涙が流れたそうです。そして、妻がそのかたわらに寄り添っていてくれたと、彼は話してくれました。

それから、人生のさまざまな苦難や試練、日課、長年のホテルの送迎で出会った人々について彼は考えました。30年もの間、彼はそこで働いてきましたから、ホテルが進化する様子も見てきました。ともに働いた友人たち、上司たち、ヒルトンの使命、あらゆる変化や人々を思い出し、彼はひたすら泣きました。

夜のしじまが終わりかけたころ、彼は妻に言いました。

「もし退職したら、どうなってしまうか不安なのだ。そうしたら、生きる気力も失せ、長生きできず、君と一緒に何年も過ごせないかもしれない。ハニー、俺が退職しないと決めても、愛してくれるかい」

彼女は彼に腕を回して、愛しているわよと告げたそうです。そして翌日、彼は上司のところに行き、言いました。

「私はもう退職する年齢ですし、そのためのパーティが催されるようですけれど、もし私が何らかの理由で退職しないと決めたとしたら、私にはまだ職があるでしょうか。まだここで働かせていただけますか。私はまだそれほど年老いていないと考えられますか」

すると、若い上司が彼に言いました。

「私はまだホテルに短期間しかいませんが、あなたはここの伝説だと聞いていますよ。あなたが生きている限り、仕事はあなたのものです」

その瞬間、彼は自分が思い違いをし、勝手に決められた社会通念を鵜呑みにしていたことに気づきました。

65歳でのリタイアは、１９３０年代の大恐慌の際に高齢者が職場を離れて、若い人たちにチャンスを与えるために政府がつくり出した施策の一部です。人間の精神や能力とは少しも関係ありません。

社会が老齢化し、より多くの人たちが社会保障を必要とすると、そのコストが経済を侵食しますから、今政府はそのあり方を見直しています。シニアのスキルや信頼性や経験に取って代わるものはないことに気づき、信念を変え、経済のために退職年齢を65歳から68歳に引き上げようと試みています。

私をシャトルバスに乗せてくれた男性は、生き生きと仕事をしており、前年よりも精力的でした。彼はビジョンを得て、彼の生産性は人生そのものだということに気づきました。そして、私にこう言いました。

「私は心からやりたいこの仕事を、できれば死ぬまでやっていきたいです。この仕事は私の人生のキャリアそのものですし、家でぶらぶらしていたら妻をイライラさせるだけだということもわかっています。お金を生み、役に立ちたいと思います。また、働きたいと決心するまで、自分が死に向かっていることに気づきませんでした。今自分にはその違いが見えますし、感じます。間違いなく、リタイアが私の死期になっていただろうと思います」

今の彼は働くことの痛みと喜びの両方を持っています。彼の年齢で働けばあちこちが痛むこともあるだろうと思いますが、彼の目的はそうした痛みよりも大きいのです。**あなたの目的が、足腰の痛みや苦難、試練、気分の浮き沈みよりも、年齢や若さよりも、意見や信念よりも、ずっと大きなものでありますように。**

若い人でさえ、「私は与えられているすべてのものを使って、すべてのことをやっただろうか」と1日の終わりに自問することはおそらくないでしょう。可能性を問うこともなく、社会通念に押しつけられた境界内にとどまっていれば、あなたにできるかもしれないことを知ることは決してないでしょう。

老いてますます盛ん

宇宙には法則があり、それを活かさなければ、あなたはそれを失います。だいたい40歳ぐらいになると、多くの人たちが身体を使わなくなり、そのために後退しはじめるということに気づいていますか。

同じことが知性にも当てはまります。脳は筋肉のようなものですから、使わなければ劣化します。ミュージシャン、アスリート、ヒーラー、どんな分野のエキスパートも、能力を維持するために常に練習していますし、あなたの持つ偉大な特性の一つは心です。心を通して精神を最大限に表現する能力をマスターすると、あなたは真の可能性に近づけます。あなたならではの特質を探し、それを世の中に伝える方法を見つけてください。年齢とともに可能性は広がり、計り知れない価値をサービスできるようになります。

昔、テキサスのホテルで、私が講演していると隣の部屋で講義をしていた高齢の男性に出会いました。彼のセミナーに参加している人たちのエネルギーに引き寄せられ、休憩時間に彼の部屋に入って行き、私は自己紹介をしました。すぐに私たちは意気投合し、人生の経験談を交換し、何にインスピレーションを感じるかを語り合いました。

その男性は博愛主義者で、国中の大学の経営学部や経済学部を訪ね歩き、卒業後のいっぷう変わったビジネス・チャンスを提供するために学生たちに語りかけてもいいかと問い合わせることにより、後半生のキャリアを確立しました。いったん彼の見事な経歴を確認すると、学校側は喜んで彼に話す機会を与えました。

この博愛主義の紳士は、アメリカ中の大学で4年生がたくさん集まった講堂の前に立ち、経験談を語り、ビジネスの世界の可能性について教えることにより、学生たちにインスピレーションを与えました。

「私は一連のコースを提供しています。これらのコースに参加し、一生懸命学び、一定の要求事項を満たしたら、他では得られないような報酬が受け取れます。条件は今から話す通りです。クラスの上位10％に入り、私が示す投資プランに従い、私のコースに1年間出席し、ファイナンスに関しては私が教えることを実行しなければなりません。

これらの条件を満たすことができたなら、その年の終わりに私は君のビジネス・プラン作成を助け、君の夢のビジネスに必要な資金はいくらでも投資しましょう。君のプランに必要などんな額、数千ドル、数十万ドル、数百万ドルでも投資する用意があります。しかし、最初の3年間は私の指示に従うことを約束しなければなりません。利益から特定のパーセントをいただきますが、その代わりに並外れたリターンを保証しますし、私のアドバイスなしではとうてい君に稼げないようなお金を稼げるようにしましょう」

彼は繰り返し起業と豊かな利益を上げる方法を若者たちに教えました。そしてロイヤリティを徴収し、それからまた次の世代に同じことを行っていました。自分の体験を活用し、他の人たちが宇宙の法則に沿って人生の状態を整え、大金を儲けられるよう助けることにより、莫大なお金を稼いでいたのです。

大学を出たての若い人たちには、彼が生涯をかけて培った知恵を持つことはあり得ませんでしたが、彼の指示に従った者たちは、同期のずっと先を進んでいきました。彼は、ビジネス世界の浮き沈みを知っており、喜んで知識を分かち合いました。

しかしそれは、使命感に駆られた救済や無償の施しではありません。契約を厳守しなかった者には即時、投資額の返金を要求するか、利子をつけて請求しました。若者たちの自制心とメンター制度に対するリターンも要求し、それによりフェアな交換に則った取り決めを維持しました。

彼が私に見せてくれたノートには、起業を支援した大企業の例がぎっしり詰まっていました。そして、起業に使われた原理のいくつかは、あなたが読んでいるこの本に出ています。

この男性はリタイアを考えたと思いますか。**仕事は、彼にとって退屈でもいやなことでもなく、人生そのものでした。この世に、他にやりたいことなどありませんでした。**

あなたにはいつか死ぬ運命にある肉体と不滅の魂があり、それは外の世に支配されている部分と内面の世界からインスピレーションを受けている部分です。身体の変化に惑わされてリタイアすると、身体も生きる熱意も衰えてしまうでしょう。しかし、世俗の世界を超越する不滅の部分に導いてもらえば、この世であなたを引きとめるものは何もありません。あなたの成長に終わりはないのです。

「ある時点に到達すれば、私は満たされて幸せ。それでいいのです」と言う人がいますが、それでは向かう先は認知症や脳卒中かもしれません。あなたの思考とあなたに起こることには強い結びつきがあります。

精神的な存在として、あなたは永遠に成長し進化することになっていますから、「これでいい」ということはないのです。

あなたの肉体と心と精神は継続的にクリエイティブに使っていないと、壊れてしまうかもしれません。

あなたがインスピレーションを感じながら心からやりたいサービスを行っている間は、生きたいという願望があるでしょう。あるキャリアから去り、他のことをはじめることもあるでしょう。

しかし、人生からはリタイアしないでください。あなたの存在を満たす使命を探してください。

エクササイズ

このエクササイズは“パーフェクト・デイ・エクササイズ”と呼ばれるものです。あなたが天国のような最高のビジョンに従って人生を生きるための準備です。

もしあなたが最もインスピレーションを感じる活動と夢だけで満たされた１日が過ごせるならば、それはどんな１日でしょうか。あなたが望む通りに完璧な１日をノートに書き記してください。朝４時でも昼でもいいですから、目覚めたときから24時間のスケジュールを立ててください。

好きなだけ寝て、美しい場所から日の出や日の入りを見て、完璧な朝食を取り、瞑想、ジョギング、水泳、学習、マッサージ、庭いじり、ダンス、執筆、歌、旅行、講演、仕事、コンサルティング、メイクラブ、夢、遊び……。

これはあなたの１日です。あなたにとって完璧な１日がどんなものでも、はっきり描いて、その日を選び、やると決意し、それから実践してください。

まず、年に一度計画してください。一度やってできると気づいたら、１年４回、各季節に増やしてください。それから月１回、週１回へと増やし、完璧な１日が持てるように努力してください。そうして、毎日夢に叶った生き方ができるようになるまで頻度を増やしていってください。

このエクササイズで自分を解放してください。あなたが心からやりたいことを考え、それを実現する能力を持っていることを知るための素晴らしい機会です。これは、ハートが望む通りのことをするために捧げる１日です。あなたがスケジュールを立てなければ、誰がやるでしょうか。

また、これは徐々に夢の人生を築いていく方法でもあり、あなたはそうするにふさわしいのだということにゆっくり気づいていくでしょう。

あなたの完璧な１日に関する考えが時間とともに進化し、もっと役に立つことをするとしても驚かないでください。なぜなら、あなたは心からやりたいことをやり、やることを愛し、他の人に役立つために自らをトレーニングしているのですから。あなたが心からやりたいサービスを発見し、提供するとき、あなたの人生は充実してきます。

第10章

「人生の目的」があなたに与えるパワーとお金

The Power of Purpose

知恵とパワーの金言⑩

＊十分大きな〝なぜ〟があるから、自ずと〝どのように〟という方法がわかる。
＊私は自分の目的を知っており、自分の目的を生き、自分の目的を愛す。
＊〝これは〟どのように私の目的と結びつくだろうか？
＊私は地球規模のビジョンを持っているから、世界がそのために見返りをくれる。
＊神はパワーで、私はビジョンで、私たちはチームである。
＊私の魂は偉大な知恵を持って私に話しかけてくれる。私はそれに耳を傾け、そして従う。

最大の生きる理由を見つけるために

あなたはこの世で達成すべき素晴らしい目的を持って生まれてきました。それは、あなたのハートの奥深くに埋められているあなたが存在する理由です。あなたがその目的に目覚めると、インスピレーションを感じます。そして、あなたの熱意とエネルギーが、魂の授かりものである夢やビジョンに合った素晴らしい人生を創造します。

ここまで、至福の富を殖やすためのたくさんの方法を探求してきましたが、そのための目的、つまりインスピレーションを感じる動機を持っていなければ、最大限の可能性に向かっていく気力は続かないでしょう。**小さな動機は小さな富を引き寄せ、偉大な動機は偉大な富を引き寄せ、不滅の動機は莫大な富を引き寄せます。**

目的は、生きていくうえで大きな理由を与えますから、夢に向かう途上に現れるどんな障害も乗り越えられるように、あなたにリソース（資源）やお金や人を引き寄せます。なぜ生きるのか――その理由が大きいと、どのように生きるかが自ずと見えてきます。偉大な目的がある人は勇気と自制心を持ち、不安を乗り越え、インスピレーションを感じて行動し、自分の思考を超越します。目的がなければ、それは叶いません。

あなたが自分の目的について無意識でいると、その無意識な分だけ、誰かがあなたの運命を決めてしまうでしょう。あなたが決めないことは、誰かが決めてしまいます。ですから、心から自分の人生を生きるか、他の人に仕切られることを望むかを決めてください。それは、リーダーと従者の違いです。一方は魂に耳を傾けてリードし、もう一方は耳を傾けるのを恐れ、従います。

あなたには、死ぬ運命の自己と不滅の自己、外の世界に支配されている部分と内面世界のインスピレーションに励まされる部分があります。死ぬ運命の自己に人生を支配させるならば、あなたは風の中を舞う砂のようであり、ほとんど何もこの世に残すことはないでしょう。

しかし、もしあなたが不滅の自己からインスピレーションを得て、行くべき道を決めるならば、あなたは山のように不動であり、この世のなにものもあなたを動かすことはできません。外部に指揮されるまとまりのない人生にはパワーがなく、内面に導かれ焦点の定まった人生は果てしないパワーを持ちます。

では、最大の生きる理由をどのように見つけ、実行するのか見ていきましょう。

「やりたいことがわからない」と言う人へ

心からやりたいことがわからないと言う人たちに、私はほとんど毎日働きかけていますが、このことばは真実ではないということがわかりました。

「あなたのハートは、本当に心からやりたいことを知っていますが、頭の中にある不安や罪悪感がそれを認めることを引きとめているのです」

そう私は話します。それから、不安感によりビジョンをぼかさずに、心からやりたいことにアプローチできるように導いていきます。まず、当たり前の質問からはじめます。

「美味しい食べ物を食べたいと心から思いますか」

「もちろん」

「素晴らしい。書いてください。他に、心からやりたいと思うことで、簡単に言えることは何ですか」

「心から旅行がしたいです」

こうして、その人が心からやりたいことを積み上げて、どんどん広げさせます。

「心から裕福になりたいですか？　どのくらいの富？　どこへ、いつ旅行をしたいですか？　世界を変えたいと思いますか？　文章を書く、絵を描く、講演する、建築する、または教える、あなたは心からどれがやりたいですか？　何があなたにいちばんインスピレーションを与えますか？　人と一緒に働きたいですか？　このようにあなたの判断基準をまとめると、どんな可能性があるでしょうか？」

もしかしたら詳細はわからないかもしれませんが、魂の中では完璧に明確になっており、あなたが求めることを待っています。ですから、あなたがわかっていることからはじめて、積み上げてください。

私がフランスでコンサルティングを行ったある男性は、きっぱりと言いました。

「私は自分の人生をどうしたいのかまったくもって何もアイデアがありません」

「そうですか。僕はあなたがわかっていると確信していますし、もしあなたが自分の人生の方向を決めなければ、誰かが決めるでしょうから、僕が今ここで決めてあげますよ。あなたは煙突掃除人になるでしょう」

「いいえ、絶対にそれではありません」

「結構です。4万2000の可能性の中から一つ消えました。これを続けましょう。パリの貧民街で男娼として働いていただきましょう」

「もちろん、あり得ない」

「では、メキシコでチューインガムを売り歩きましょう」

「いや」

「ハゲの人向けのヘアスタイリスト」

「まさか、そんなこと！」

「わかりました。いやだと思うことがわかるなら、いいことも明白ではないでしょうか。もし達成できることがわかっているとしたなら、それは何でしょうか」

私が、フランスの紳士を馬鹿げているところから最高のところへと導いていくと、出てきました。彼のハートの中には素晴らしい夢があったのですが、自分には大きすぎるのではないかと恐れていたのです。表現するのを引きとめていたのは恐れです。

あなたも同じかもしれません。もし達成できることがわかっていたら、幸運の女神が魔法で達成を保証してくれたら、自分の人生であなたが心からやりたいことは何でしょうか。

あなたは心からやりたいことがなんだか知っている――それが真実なのですが、どうやってやるのかがあなたにはわからないのかもしれません。闇雲にやろうとしているのか、拒んでいるのかもしれません。インスピレーションを感じることを心からやりたいと言わないのは、やり方を見つけていないからなのでしょう。

人生で心からやりたいことを達成する方法がわからない場合、苦しみが喜びより大きいように感じますから、目的ややりたいことがわからないと自分にうそをつくのでしょう。万が一、この世で何よりもやりたいと思うことをすることで満足のいく報酬が受け取れるということが発見できたら、どうでしょうか。それを実現する一つの方法は、目的のある行動を実行可能なステップに分けていくことです。

夢について詳細に考える毎日の習慣を

ニューヨークの摩天楼を数多く設計したアメリカの建築界の巨匠は、一流作品を手がけるとき、まず大雑把な基本をつくり、それをどんどん洗練しつづけます。一つのプロジェクトに何年もかかるかもしれませんが、終わるまで彼にはネジの一本から、すべてのカーペット、すべての壁の寸法、必要なペンキの量にいたるまでわかっていました。彼が業界のトップに君臨するのは、曇りのない明瞭さで全詳細を見ており、作業がよどみなく流れるからです。

あなたの夢が何であっても、時間をかけてしっかり詳細までつめてください。ビジョンから漏れ、見えていない細部をあなたは障害あるいは苦難として引き寄せるか、対峙させられることになるでしょう。障害とは、あなたのビジョンを明瞭にするためにつくられるものです。さて、あなたの人生は細部まで巧みにデザインする価値がありますか。神様はあなたが生き残っていけるように、果てしないほど詳細にあなたをデザインしました。あなたと同じ源から発せられるあなたの目的のある夢には価値がありますか。

今ここに全身全霊で存在することとは、果てしない細部に取り組むためです。細部が素晴らしいほど、あなたの存在感は素晴らしくなり、チャンスやリソース（能力や情報）を引き寄せるパワーを手に入れます。計画しないのは、失敗を計画しているようなものです。あなたが人生で心からなりたい、心からやりたい、心から手に入れたいものを明確にし、磨きをかけるのに時間をかければ、それが現れはじめます。

私は毎日数回歯磨きをします。1日5分というちょっとした日課です。それでは、もしそれと同じ時間を毎日自分の目的を発見し、磨き、達成することに費やしたらどうでしょうか。

毎日5分間を使い、「私が人生を傾けたい、または捧げたいと心から思うことは何だろうか」と質問する時間をきちんとつくったとしたら、どんな影響があるでしょうか。
「計画なんてしないよ。運命に笑われるだけだからね」と言う人がいます。しかし、それは賢いことではありません。生きていれば当然試練もあるでしょうが、人生やキャリアやお金の運用を計画する人たちが、計画しない人たちよりも先を行き、より豊かな人生を送っているというのはまぎれもない事実です。同じ原理があなたの人生にも当てはまります。

あなたの最高の夢やビジョンに適った人生を送りたいと心から望むなら、あなたはそれが何であるかを明確にする責任があります。詳細な計画によって、心は可能性を理解し、不安や恐れを取り除きます。疑いを除き、確実性を加え、新しいチャンスを引き寄せるようにあなたを共鳴させます。

あなたが心から欲しいものを宣言し、求める自信と勇気がなければ、どうして宇宙があなたに与えられるでしょうか。世の中の親たちが、子供に歯磨きをさせるのと同じように、人生の目的を明確にするのを助けることに注意を向けたとしたら、世界はどうなるだろうと私は思うことがあります。

「ジョニー、あなたはどんな運命を生きていきたいの？　あなたの人生をどんなことに使いたいと心から望んでいるの」

と親が問いかけてあげたら、どうでしょうか。

「私の目的はなんだかわかりませんし、そんな能力もありません」と言うたびに、あなたは愛することをやる時間を先延ばしにしています。そういうペルソナにパワーを与えたり、すべてを理解しているあなたの真の姿に仮面をかぶせたりしないでください。

ゴールと目的を別のものと考える

ゴールと目的は似てはいますが異なります。起業し、年商5000万ドルを稼ぐというのはゴールです。人生と宇宙の法則を学び、マスターすることに捧げることは、生涯をかけた目的です。ゴールとは自分のために設定するこの世の目標であり、不滅の旅路に沿って並んでいる踏み石です。目的とは成し遂げることではなく、生きる指針であり、それに終わりはありません。

ゴールは人生の中にあるかもしれませんが、目的は人生を通して、あるいは人生を超越して存在するものです。目的の旅路を行くとき、ゴールに到達することは励みになり、インスピレーションを感じる目的はあなたの達成に意味を与えてくれるでしょう。老化や衰えは、真の目的を持った人には無縁です。あたかも不滅の存在であるかのようにあなたは生き、働きますから、最後まで生命力を維持します。

あなたの深層には時間と空間の重要性に関する主要な考えがあり、あなたの意識の進化レベルを決定します。インスピレーションを感じる存在は大きな夢を持っており、長期的枠組みで物事を考え、ビジョンからパワーを引き出します。一方、短期的な枠組みにはパワーはあまりありません。

大都会では、キャリアをスタートさせたばかりで、日々食べていくお金をやっと稼ぎ出して生きている、野心に満ちた若者に出会うことがあります。そういう人に「どうですか」と聞くと、「素晴らしい日だった」あるいは「たいへんな日だった」と答えることでしょう。

翌年、同じ人に同じ質問をすると、「まずまずの週だった」「チャレンジの多い1週間だった」と答え、日単位から週単位の生活をしているかもしれません。そして、また翌年同じ質問をすると、「素晴らしい1カ月だった」と答え、翌々年には「見事な1年だった」と答えるかもしれません。

5年後に同じ質問をすると、「2年ほど恵まれていましたから、この先5年は成長していくと見越しています」。10年が経過するまでに、「次の10年から20年までまったく新しい方向へ向かいますし、今は孫のためのファイナンス計画を立てていて、その子たちのためにすべてを整えてやりたいと思います」と答えるようになっているかもしれません。

さらにその先に進むと、「今後20年から30年の会社の方向性を計画していますが、これが今後数十年かけて実現したい会社のあり方です」。そうして、この人が成熟し、年を重ね、もっと賢人のようになり、もっと宇宙的観点の知恵を身につけると、終わりのある時間や空間ではなく永久という枠で話をしているかもしれません。この段階でもなお勤勉にビジョンに沿った道を歩いていると、日々や年単位の変動はほとんど妨げになりません。その人のビジョンや辛抱や安定性が成長するとともに富も成長します。

目的はゴールよりも広大です。ゴールは目的を遂げる道の途上にある必要なステージです。それは、ブースターロケットの推進補助装置のように発信を助けます。**目的が大きければ大きいほど、ゴールに耐えるためのより大きなパワーを手に入れられます。**また、素晴らしい目的はゴールを正しい位置に据えますから、達成することもより簡単に思えるはずです。

ゴールと目的を視覚化する技術

あなたのお金を運用する目的と夢が目先の物質的ニーズを超えたところに集中しているとき、地球全体や人類すべてを包み込むとき、魔法のようなお金運用の磁力が現れはじめます。しかし、偉大な目的やビジョンがなければ、大きな出来事や成功、金銭的リソースが発生するとは考えられません

肉体という枠の中に収まる程度の目的では、それを超えたところに影響を持つことはおそらく叶わないでしょう。もし自分を変えたいと心から望むならば、せめて家族という枠の大きさ

のビジョンを持ってみてください。家族を変えたいと心から望むならば、住んでいる市を変えるくらい大きなビジョンを持ったほうがいいでしょう。市に変化を起こしたいならば、県くらいの大きさです。国に変化を起こしたいならば、世界ほど広大にです。地球にインパクトを与えたいと心から望むならば、不滅のビジョンを持ったほうがいいでしょう。いったんあなたのビジョンがより大きな範囲から生まれると、あなたの商品やサービス、アイデアのインパクトはその下にある領域を満たします。

ダラスのカイロプラクターは、私がこの原理について話すのを聞いていました。彼は地元で開業しており、15キロ圏内の人々を引き寄せていましたが、それだけのことでした。「より高いレベルから見たビジョンを持っていないなら、どこにも変化は起こせません」という私の考えを、彼は即座に把握しました。そして、「私のヒーリング・センターは世界に向けた光の標識です」と自分に宣言しはじめました。

そこで私は、地球儀を購入し、地球上のどこに彼の事務所があるのかをマークし、世界との関連性が見えるようにしたらどうかとアドバイスしました。そして、地球儀を回し、世界中から人々がやってくるのを想像するように言いました。すると、数週間のうちに、彼がビジョンと感受性を開いただけで、州内外から、国外からも人々がやってきたのです。

かつてメディアの大物に国際的なネットワークをどのように発展させたかを尋ねてみたことがあります。彼は、夜になると衛星が周りをめぐる地球を抱え、自分が選んだどの街にも選び抜いた情報を発信している自分を見ていると言いました。文字通り大気圏外に立ち、地球をめぐる衛星を観測し、世界中のニュース・システムに影響を及ぼしている自分を視覚化していました。その結果、彼は地球規模のネットワークを創造したのです。ビジョンのパワーを侮ってはいけません。強大な創造力の源なのです。

あなたのゴールと目的を、最初に視覚化し、それから書きとめてください。書く作業は、想像の世界に時間と空間を加えることにより物質の世界へ移行させる最初のステップです。書くことは、一つの創造の形です。書くことにより心を明確にします。心からの望みがクリスタルのように明瞭であるとき、ゴールを維持する方法を見つけられます。

それと同時に、あなたは顕現する価値を宇宙に宣言し、そのことがあなたのモチベーションになります。自分が心から望むことを明確に書き記し、それがどう顕現するかにインスピレーションを感じるようになります。

私には、もう何年も前からビジョンの達成を助けてくれているアファメーションがあります。「僕はビジョンであり、神はパワーであり、僕らはチームです」(または「宇宙がパワー」と言ってもいいでしょう)。私がこの宣言をするとき、夢の行く手のいかなる障害をも乗り越えるパワーを持っていると、心底から感じます。私がビジョンを維持することで自分の役割を保つと、神が必要なパワーのすべてを提供してくれるのです。

あなた自身の奥深くにある、天命があることを知っている部分、そこはあなたの脳よりもずっと偉大な力がインスピレーションを与えてくれるところです。そこにつながることは非常に大切です。

なぜゴールが小さいと、お金を引き寄せなくなるのか？

あなたは魂であり、その真の姿は光……。あなたは、より高次レベルの意識や神が現れる状態へ向かう旅をしています。その旅の持続力は、ビジョンの鮮明さに比例しています。

朝目覚めたとき、チャレンジがあり、満足感の得られる何かを持っていなければ、起き上がり、輝く自分でいたいとは思いません。ゴールが壮大で成長を促すものでなければ、それが終わりそうになると、やることを失わないように速度を下げ、だらだらと行動するようになるでしょう。ことばをかえると、自分の存在が消されないようにしているのです。だからこそ、目的を明確にし、ゴールや至福の夢を拡張しつづけることが重要です。

明確な目的があったとしても、気がそれてしまうことやインスピレーションを感じないこともあるでしょう。インスピレーション――やる気、ときめき、ひらめき――を感じていないのは、やっていることが目的に結びついていないからです。

通常の日課をすべてリストアップし、**「それはどのように私の使命を達成する助けになるだろうか」**と聞きつづけてください。すべてをあなたが心から望むことに結びつけ、人生における意味や重要性を見出してください。

この質問を聞きつづけてください。何をしていても目的を目指していると感じるまで、聞きつづけ、リンクしつづけてください。真実は、すべてがつながっているということです。より多くの行動を目的に結びつければ、心から望んでいることをより多く実現できるのです。

ここに、もう一つビジョンを成長させつづける理由があります。あなたが1ドルだけ持っていて、もう1ドル稼いだら、それは最初の額の100％に値します。100ドル持っていたなら1％、1000ドル持っていたなら、0.1％、1万ドルならたったの0.01％です。わかりますか？　最初の1ドルには高い価値がありますが、富が増すにつれ、加算される1ドルの価値はどんどん小さくなります。**ですから、お金を持つことを唯一の目的にしていると、それを積み重ねれば積み重ねるほど、儲けたいという願望は減少するでしょう。**

稼ぐドルの価値が減少しつづけ、もはやお金儲けがあなたにモチベーションを与えるパワーを持たなくなるときがきます。ですから、お金を儲ける目的が、減価するよりも早く大きく育たないと、やがて足踏み状態になり、富を引き寄せるのをやめるか、優先順位の低いことに翻弄されるでしょう。

自分に正直になれば、最高の目的が見えてくる

ある紳士が私のところへやってきて、言いました。

「私はネットワーク・ビジネスを促進させたいのです」

「なぜそうしたいのですか」

「もっとお金を儲けたいからですよ」

「それでは私の気持ちは動きません。なぜお金儲けをしたいのですか」

「ただ、そうしたいのさ」

「決め手になりませんね。あなたの理由は何ですか」

「子供たちを大学に入れたいのです」

「すでにその方向に進んでいますか」

「はい」

「それでは、次の理由は何でしょうか？　子供を大学に入れることだけが理由なら、必要以上のお金を引き寄せません。あなたはお金を儲けたいけれども、それを使って何をするのかというビジョンを持っていませんね。宇宙は半分まで歩み寄ってくれますが、あなたが理由を持って意図しないものを与えたりしません。ですから、この富を得たら、何をするつもりですか。**もしあなたが明日死んだら、あなたの人生で不完全なものは何ですか。**やり残していることは何ですか」

私は彼に尋ねました。すると、彼は妻のほうを見て口ごもりました。彼は、自分の夢を知っていたのですが、妻が認めてくれるか確信が持てなかったのです。そして、他の人がどう思うかを恐れて、自分の目的を否定していたのです。そこで私が少し追及すると、彼はぼそりと話し出しました。

「私が心からやりたいのは、教会に１００万ドル寄付するという夢を達成することです。これまで2万ドルしか献金していません」

「素晴らしいじゃないですか。書きとめてください。そのほかには？」

「妻と一緒にファーストクラスで世界旅行がしたいんです」

「素晴らしい。他には何をやりたいですか」

「卒業したら、子供一人ひとりに車を買ってやりたいんです」

こうして私たちはリストを作成し、彼が心からやりたいと望んでいることが40項目にもなりました。私が手伝い、そのリストを体系的に整理すると、そこからまた彼の中に埋もれていた他の夢やその詳細が出てきました。すべてはずっと彼の心の奥やハートの中に潜んでいたものので、実践したいという気力は満々でした。

彼には成長したいという強い思いと理由が見つかりました。自分という枠を超えた生きる目的を持ったことで、彼のビジネスは以前想像すらできなかったレベルへと発展しました。もし彼がビジョンを大きく成長させなかったら、ビジネスが停滞したままになっていただけではなく、子供を大学に入れたところで成し遂げたいことがなくなり、死んでしまっていたかもしれません。

再び二人のファイナンシャル・スペシャリスト

本書が説く法則に従い、お金が殖えていくにつれ、いつしか〝働かなければならない〟という状態から解放されるでしょうが、それでもあなたは人の役に立ちたいと心から思うでしょう。そこでその時点でも、まだ成長しつづけ、生命にインスピレーションを感じつづける理由が必要です。

第3章で紹介した、たとえ冗談だとしても殺意さえ抱いた男性に対してハートを開いたファイナンシャル・プランナーたちが、他の問題を持って6カ月後に再び私のところへやってきました。

「あなたと一緒にやったワークがわれわれの人生に大きなインパクトを与え、たくさんお金儲けができましたが、今、私たちは思考レベルを高めたいと思っています。そこで、私たちの活動レベルを高め、さらに裕福な人たちやさらなる財源にアクセスできるように、何かしていただけますか」

「より素晴らしい理由がなければ、より偉大なレベルへは行けません。さて、あなた方の動機は何ですか」

「国際的な不動産に関わりたいと思います」

「それは、あなたたちにインスピレーションを感じさせますか」

「特にそういうわけではありません」

「あなた方が今よりも偉大な理由を持てるようになるまで、あなた方は自分を超越することはできません。どんなビジョンが、涙があふれるほどあなた方の心を震わすインスピレーションをもたらしますか」

そう尋ね、彼らが心の奥深くを揺り動かされた人生経験を振り返るように私が促していくうちに、一人がとても深遠な理由に行き当たりました。

子供のころ、ロンドンに住んでいた彼の家は非常に貧しく、一家の住む通りはちょうどお金持ちと貧しい人たちのエリアの境目でした。ですから、貧しかったにもかかわらず、彼は裕福な子供たちと同じ学校へ通っていたのです。そこでの数年は、彼にとってかなり屈辱的でした。その体験が、彼が裕福になり、多くを成し遂げようという気持ちを駆り立ててきた力の源泉だったということを示すと、彼はそのことに感謝しました。

そして、二人は偉大な理由を手に入れました。世界中の彼らが厳選したいくつかの国々において、貧富の差をなくすための教育および慈善機構を設立することです。

彼らはその理由を持って一段高いレベルへ上がると、収入と活動範囲はまたたく間に広がりました。**なぜなら、人々は失望ではなく希望に、小さいより大きい理由に引かれ、投資するも**

のなのです。

「5000ドルを支払えないのだけれど、助けてくれないだろうか」と誰かに言われたら、「ごめんなさい。でも、自分の人生を大事にしてください」とおそらく答えるでしょう。

「すみません。私には三人子供がいますが、夫を亡くしました。子供を産んでからは仕事はしていません。何もせずにお金が欲しいとは思いませんが、本当に助けが必要です。借用書も書きますし、ちゃんと利子も払い、返済も保証します」と誰かに言われたら、あなたはきっと何とかしてあげようと思うでしょう。なぜなら、より誠実であり、それは一人ではなく家族にも関わる問題だからです。

「自然の中で遊ぶことで都会の子供たちの犯罪や薬物使用を減らせることがわかりました。この貧しい地域には公園がありません。自分のお金で二つの土地を購入しましたが、資金を集めて造園し、安全な遊具も買いたいと思います。ここの子供たちのために、実現するのを助けていただけるでしょうか」と誰かに言われたら、理由は地域レベルになりますから、貢献する意志はさらに大きくなるのです。

あなたの理由がより大きくて、より強いインスピレーションを感じさせるなら、あなたがそれを成し遂げるのを助けるために、より多くの人とお金が引き寄せられます。実現して多くの利益をもたらす能力なしに、インスピレーションを感じるアイデアを受け取ることはありません。あなたの人生の質は、あなたが尋ねる質問の質によって決められます。もしあなたが心から生きたいと望む人生を見ることができるなら、あなたはそれを実現するための質問をすることもできます。

「どのように私が愛することを行い、それにより素晴らしい儲けを手に入れられるだろうか」と自分に聞いてみてください。そして、答えを受け取るまで質問するのをやめないでください。

不可能を可能にしてくれるビジョンを探せ

インスピレーションを感じる魂の導くビジョンのパワーを侮ってはいけません。それは、あなたがアクセスできるいちばんパワフルな能力です。ビジョンを受信する練習を重ね、能力を磨いていると、〝不可能な〟ことが起こるときもあります。

私が最初の事業を行っていたころ、自宅で日課の瞑想をしているときに最強の啓示の一つを受け取りました。それは、まさにクリスタルのように澄み切った私の新しい事務所に関する鮮明なビジョンでした。それは、トランスコ・タワーという名のビルでした。私はビジョンの中で数百メートル上空に立ち、市街を見渡していました。部屋のレイアウトを見て〝52〟という階数も見て、「自分の空間だ」と言っている声を聞きました。

そのころ、私はちょうどビジネスを拡張し、新しいリース契約に署名し、事務所にたくさんのお金をかけたところだったので、引越すのは馬鹿げているようにも思えました。しかし、内から湧き起こるメッセージを無視してはいけないことを、私は何年間もの経験で学んでいました。そんな声があなたに語りかけているとき、聞き入れるのは賢明なことなのです。

その日の午後、私は事務所に戻り、私のもとで働いている医師たちにクリニックの事業を買い取りたければ来週末までに決めてほしい、そうでなければ売りに出すと伝えました。それが火曜日で、木曜日の朝に私はトランスコ・タワーへ行き、リース契約の相談をしました。

「僕はカイロプラクターで、このビルの事務所をリースしたいと思います」

そう言うと、リース業者は弊社と契約している会社はすべてエネルギーや石油、金融専門の企業だけなので不可能だと答えました。

「僕は石油のようになめらかですよ。信じられないほどのエネルギーもありますし、お金もたくさん持っています。ここにぴったりだと思いますが」

リース業者は厳めしい顔で私を見ました。そして、このビルには医者が入ったことはなく、これからもない。クリニックのスペースはここにはないときっぱり断られてしまいました。

それでも、もしスペースがあるならば、どの階なのかと聞いてみると、52階のスペース以外はほぼすべて埋まっていると言うではありませんか。

「完璧です。見せていただくだけなら、かまいませんよね。テナントになるためだけに新しい会社を興すことはできませんが、僕はこの場所のビジョンを見たのです」

そう告げて、私は52階へ連れて行ってもらいました。部屋に入り、窓ぎわへ行き外を眺めました。180メートルの高さに立ったとき、私は思わず泣き出してしまいました。

そのビルに入ったのははじめてですが、2日前に私は確かにその景色を見ました。そのような精神的ビジョンの証拠と通常の世界を超越するパワーを手にするとハートが開かれるのです。リース業者は、早く出て行ってほしいという顔つきでドアのところに立っていましたが、私が彼女のほうへ振り向いたとき、私の流れる涙を見て言いました。

「大丈夫ですか」

「ここは僕のスペースなのです。2日前、これとまったく同じ空間を僕は頭の中で見たのです。ここにいるのが運命で、なにものもそれをとめられないと思います。僕の目的とビジョンが一致しているのです。ここがそうなのです」

僕は静かに話しました。すると彼女はあまりにハートを開いている私を見て、自分も涙を飲み込むように言いました。

「あなたは真剣なのですね。そうでしょう?」

「僕は真剣そのものです。必要であればオーナーともお会いします。ここに入るためにできることは何でもします」

「私はあなたを信じはじめています。あなたみたいな方には会ったことがないわ。こんな経験ははじめてなの。医者は入れたことがないけれど、私にできることはやってみましょう」

彼女が電話をしに事務所へ行っている間、私は隣にある建築家の事務所へ行きました。自己紹介をして、新しいテナントとして入るので、ぜひ設計をお願いしたいと告げたのです。私はビジョンで見た通りにスペース全体の間取り図を描き、彼に渡しました。そして、すぐに設計をはじめてくださいとお願いしたのです。

リース業者が戻ってくると、入れる保証はないが、入れないとも言えないと告げました。そして、オーナーが3年分の所得申告書と会社の企業理念を書き記したもの、資産および負債に関する損益計算書、事業の詳細、目標、その他もろもろを知りたがっているということでした。

そのすべては、私を入居させるか検討する以前の話でした。そこで翌週の火曜日に、私は〝ディマティーニ〟と書いたフォルダーにすべてを揃え、著書もあわせて持参しました。

2日後、リース業者から事務所に電話がありました。

「ドクター・ディマティーニ、ようこそトランスコ・タワーへ。あなたは審査を通過できた唯一の医師です」

それから27日後に私は契約書に署名し、事務所は完璧に整えられました。月末に他の事業を売却し、私はその後すぐに営業活動をはじめたのです。

その事務所は私の要《かなめ》となる場所で、まったく新しい反響を呼び、私のキャリアと富を増進させました。17年後の今となっても、私はそのビルのたった一人の医師です。私が内なる声に耳を傾け、それに従って行動する意志を持っていたために、宇宙が介入し、すべてをシフトさせてくれたのです。

ある女優のゆるぎない目的

あるとき、ヒューストンからニューヨークへの空路で、若い女性の隣に座りました。夜の機内だというのに濃い色のサングラスをかけ、つんとしていたので余計気になりました。彼女は、私がインタビューかサインを求めていると思ったようですが、単に私が人間に興味があるだけだとわかると、彼女は女優だということを認めました。そして、顔を背けて窓のほうを見ていました。そこで、

「そうですか、どういうことであなたは女優になったのですか」

と私は彼女に尋ねてみました。すると、突然輝く瞳で私のほうを見て言いました。

「私が3歳のとき、母がジュディ・ガーランドの舞台へ連れて行ってくれました。彼女が歌って踊るのを見て、私は母に言ったのです。『ママ、あれが私の運命なの。いつか、あれをするの』って」

彼女の母親は喜びを隠せず、すぐに歌と踊りと芝居の稽古をはじめさせました。女優のハートの中で目的が目覚めたとき、必要なサポートとチャレンジが現れて、達成を助けたのです。

「この夢に心を集中させているのですか」

「はい。私は女優になるために生まれ、そのことしか考えていません。次の役柄、次のインタ

ビューや映画のことばかりね。それに、共演したい俳優や仕事をしたい監督のことも考えますし、賞を受ける自分も思い描きます。毎日そのことばかり」

「何か、自分のためにアファメーションを唱えますか」

私が尋ねると、すぐさま彼女は折り目のついた紙を取り出し、彼女のアファメーションを見せてくれました。シンプルに、〝私は歌い、私は踊ります〟と書いたものを。少女時代からずっとその紙を見つめてきて、夢から目をそらしたことはないということでした。このシンプルなことばのパワーは偉大でした。

あなたのインスピレーションを感じさせるメッセージをはっきりと受け取るとき、夢の詳細な部分を鮮やかにしっかりと視覚化し、涙が出るほど真剣に決意するとき、この世であなたを引きとめるものは何もないでしょう。それはあなたの運命なのですから。

目的を明確にすることは、人生の中で最も重要なことの一つです。それは、あなたの方向性、意味、そして〝なぜ〟存在するのか、です。より素晴らしい意味があれば、あなたは人生にもっと感謝し、もっと愛を感じるでしょう。

もしあなたが100万ドルをどのように使うかが正確にわかっていなかったら、宇宙がそれをあなたに与えるでしょうか。あなたが人生に心から望んでいることがわからないなら、なぜ宇宙がそれを与えられるでしょうか。

この先、「私には目的がわからない」と言いそうになったら、「私は自分の目的がわかってい

ます。私は目的を生き、目的を愛しています」と言ってください。そうすれば素晴らしく詳細に、曇りなく明らかになるでしょう。

ビジネスや人生や富を輝かせるためのたった一つの真実

天国に入れない唯一の罪は神の法則を破る大罪を犯すことだと、昔から信じられています。この本で学んだことの中で、完全なる知恵と愛の創造主の怒りを買うようなことはありましたか。

自分を尊重し、どんな状況でもフェアな交換を維持し、受け取るすべてのものに感謝し、この世が差し出す最高のものを自分に経験させ、感情を愛に変え、魂に耳を傾け従うことは、神の法則ではなく、何だというのでしょうか。捨てばちな人は投げやりなことをしますが、インスピレーションを得た人はときめきを感じることをします。大金を儲けるには、インスピレーションを感じて神の法則に適ったことをするほうが、おそらくずっとうまくいくでしょう。

あなたは、ときどき精神を感じるだけの有限の小さな存在ではありません。あなたは、現在は死に向かっていく人間の経験をしている、無限の自然の中に生きる一つの精神的存在なのです。

あなたのハートに愛があるように、あなたの魂には目的があります。そして、インスピレーションを感じ、目的を持っているとき、あなたは自分の魂に投資をしていることになりますから、成長するのです。進化していく目的を達成することによって自分を尊重しない人は、いずれ身体が衰え、富も減退するでしょう。使命に従っている人たちにはリソースが与えられます。進化するという目的は意識を育てるものなのです。

あなたが何をしていようと、あなたの役割はインスピレーションを感じるためにあります。人生にインスピレーションを感じていないときは、富やチャンスが離れていってしまうでしょう。なぜなら、魂の夢を活かし、現実にするという宇宙の生命をあなたが無視しているからです。

他の人にはすべてが与えられ、あなたには何も与えられていないので、この世は不公平だと感じている人たちは、夢を生きていないだけです。そうする能力は完全に備わっているのですが、「愛することを達成しなさい」という内なる声に、まだ耳を傾けていません。

使命を持つ人にはメッセージがあり、そのメッセージが見つかると、ビジネスや人生や富は発展します。自分のメッセージを誰かに伝えたくてたまらないときは、相手も聞きたくてたまりません。もちろん、夢につづく途上では試練や苦難に直面するでしょうが、他に人生をどうしたいというのでしょうか。あなたがハートの中にあるものを育てなければ、枯らしてしまうでしょう。

あなたの夢はあなたの人生――物質的に現実化させる精神の叫び――ですから、どんなものにも邪魔させないでください。その叫びが高尚であればあるほど、この世での報酬もまた大きなものになるでしょう。夢とは、あなたにとっての天国であり、今、ここに存在します。

エクササイズ❶

誰にも邪魔されない静かな時間を選び、あなたが深く感謝している人生のあらゆることに対して心の中で「ありがとう」を言ってください。

妻や夫、子供や友人がいることを神に感謝してください。そうすることによってハートが開くのを感じ、涙があふれるまで続けてください。あなたが思っているよりも簡単です。

そのフィーリングを得たとき、あなたの心の奥に語りかけてください。「私に何を達成してもらいたいと思っているのでしょうか。地上での私の目的は何でしょうか」と。最も高尚な内面の存在——神でも魂でも、あなたの心にいちばん響く呼び方でかまいませんので、あなたに何をしてほしいと思っているのか尋ねてみてください。「神様、願わくばあなたの聖なる啓示を受け取る価値があるものにしてください。あなたの恵みを感受する力を持たせてください。ハートを開き、運命の道を明らかにしてください。私の前に示してくださる真実に対して謙虚にならせてください」

そして、その知恵を授けてもらうことに、感謝してください。

あなたが本当に感謝しているなら、光の速さでメッセージがやってくるでしょうから、書きとめる準備をしておいてください。「この見通す力をありがとうございます。もっと詳細を教えていただけますか。私がこれを実行するときはありますか」と、内なる導きに質問することを恐れないでください。

内なる声に耳を傾け、信頼することは、地球上での最高の力の一つです。それは純粋な知恵であり、偉大なリーダーたちの誰もがマスターしました。天才とは、内なるメッセージに耳を傾け、魂の内なるビジョンを見て、従う人たちです。魂の光が知恵なのです。

エクササイズ❷

あなたの目的をつかむことができたら、次のチャレンジはそれを顕現することです。

毎朝、あなたの夢と目的の達成を助ける、あなたにできると思えるアクション・ステップの優先順位の上位7項目を書いてください。あなたにとって最も重要なことにも優先順位をつけ、1日のスケジュールを立ててください。1カ月間、毎日これを実行すると一定のパターンが見えはじめるでしょう。

そのパターンは、あなたが心からやりたいと望むことを効果的に能率的に行うためのシークレットです。私はこれを2年間続け、自分が最もパワーを出せる行いが四つあることに気づきました。リサーチ、執筆、旅行、話すことです。これらは今、基本的には私がやっていることのすべてです。この四つを行っているとき、私の夢は現実として現れます。

あなたの優先順位の上から四つまでのアクションを見つけ、それに徹すると、あなたの人生の他の部分も自然としかるべきところに収まっていきます。優先順位のトップ項目に意識を集中させる人たちは、自己価値、富、活動範囲を育てますから、自制心を持ち、成長していってください。

本書は２００８年４月に成甲書房より刊行された『お金を「引き寄せる」最高の法則』を改題、大幅に再編集、加筆修正をしたものです。

[著者プロフィール]

ドクター・ジョン・F・ディマティーニ

人間行動学のスペシャリスト、教育者、作家。人間行動学と自己啓発の分野で世界的な権威として知られ、全世界2000万部のベストセラー『ザ・シークレット』でも、人生の達人（マスター）の一人として登場し、“現代の哲人”として紹介されている。人間教育のための複数の分野を抱える72のカリキュラムを提供する調査教育機関 Demartini Institute の創設者。

39年間にもおよぶ調査研究の結果完成したメソッド「ディマティーニ・メソッド」と「ディマティーニ・バリュー・ディターミネーション」は、世界各国の人間プログラムに採用されている。

著書は40冊以上にのぼり、28の言語に翻訳され、それ以外にも50タイトル以上のCD、DVDのプログラムを開発。そのテーマはリレーションシップから教育、ビジネス、そして本書のテーマであるお金まで多岐にわたっている。

金運に見放された人たちをミリオネアに変貌させたファイナンス理論を紹介した本書は、数多くの著作の中でも特に好評を博している。

[訳者プロフィール]

ユール 洋子

著名人通訳・翻訳・著述家。米国NLP協会公認トレーナー、セミナー講師、（一般社団法人）ｉ愛ＮＬＰ協会共同代表理事。

本書の著者であるドクター・ジョン・F・ディマティーニをはじめ、ダライ・ラマ１４世、アンソニー・ロビンズ、スティーヴン・コビー博士、アラン・コーエン、リン・トゥイスト、ジャネット・アットウッド他の通訳をしながら、コミュニケーターのあり方やスキルを習得。

著書に『ベストな自分を創り出すNLP心理学』（明日香出版社）、『娘を幸せにするブックガイド』（清流出版）他。翻訳に『心に響くことだけをやりなさい！』（フォレスト出版）、『NLP子育てコーチング――親の信頼が子どもを伸ばす』（春秋社）、『NLP実践マニュアル』（チーム医療）他多数。

お金に愛される人のルール

2015年 5 月19日　初版発行
2023年12月31日　３版発行

著　者　ドクター・ジョン・F・ディマティーニ
訳　者　ユール洋子
発行者　太田　宏
発行所　フォレスト出版株式会社
〒162-0824　東京都新宿区揚場町2-18　白宝ビル7F
電話　03-5229-5750（営業）
03-5229-5757（編集）
URL　http://www.forestpub.co.jp
印刷・製本　中央精版印刷株式会社

ISBN978-4-89451-666-3　Printed in Japan

お金に愛される人のルール

本書の読者限定！

＼無料プレゼント！／

本書では紹介しきれなかった“さらにお金に愛されるシークレット”を記した2章分の原稿、および本書の中から抜粋した日常的に心がけるべき21項目をまとめたチェックシートをPDF形式にてご提供いたします。

プレゼント① ロスト・チャプター1 マーケティングの魔法

プレゼント② ロスト・チャプター2 男女のパワー・オブ・バランス

プレゼント③ お金に愛されるための21の習慣チェックシート

プレゼント①〜③はすべてPDFファイルになります。

無料プレゼント①〜③はこちらへアクセスしてください。

今すぐアクセス↓　半角入力

http://www.forestpub.co.jp/okaneai

アクセス方法　フォレスト出版　検索

ステップ①　Yahoo!、Googleなどの検索エンジンで「フォレスト出版」と検索
ステップ②　フォレスト出版のホームページを開き、URLの後ろに「okaneai」と半角で入力

※PDFファイルはホームページからダウンロードしていただくものであり、小冊子やＣＤをお送りするものではありません。